Opus 63

Ernst von Ihne / Heinz Tesar
Bode-Museum, Berlin

Text
Gottfried Knapp

Photographien / Photographs
Reinhard Görner
Christian Richters

Edition Axel Menges

Herausgeber / Editor: Axel Menges

ISBN 978-3-932565-63-2

Druck- und Bindearbeiten / Printing and binding:
Everbest Printing Company, Ltd., China

Übersetzung ins Englische / Translation into English:
Michael Robinson
Design: Axel Menges

Nicht gekennzeichnete Photos / Photos not identified:
Christian Richters

Inhalt

Contents

Gottfried Knapp

Das neue Bode-Museum in Berlin. Wie Heinz Tesar den Ihne-Bau für das 21. Jahrhundert erschloß

Das ursprüngliche Bode-Museum von Ernst von Ihne

Es gibt wohl keinen prominenten Museumsbau in Europa, der unter wechselnden Namen und in unterschiedlichen Erhaltungszuständen so widersprüchlich beurteilt worden ist wie der von Ernst (Eberhardt) von Ihne im letzten Jahrzehnt des 19. Jahrhunderts entworfene Bau des Kaiser-Friedrich-Museums – das spätere Bode-Museum – auf der Museumsinsel in Berlin. Als das unter dem Arbeitstitel »Renaissance-Museum« von Wilhelm von Bode konzipierte, auf Wunsch des Kaisers von Hofbaurat Ihne architektonisch gestaltete Museum der nachantiken Künste am 18. Oktober 1904 unter Teilnahme des Hofstaats eingeweiht wurde, war die Resonanz extrem gespalten, ja die Antwort der Kunstöffentlichkeit fiel weitgehend negativ aus. Lob bekam das Museumsgebäude eigentlich nur aus Kreisen, die dem Hof nahestanden oder ihm verpflichtet waren.

Als aber dasselbe Haus unter seinem bürgerlichen Namen Bode-Museum im Oktober 2006, also ein rundes Jahrhundert später, nach grundlegenden Sanierungsmaßnahmen und der rekonstruierenden Neugestaltung durch Heinz Tesar, als Baukunstwerk wieder zugänglich gemacht und mit neugeordneten Beständen glanzvoll wiedereröffnet wurde, war das Staunen in der Kunstwelt groß: Nicht nur die wiedervereinigten, endlich wieder sinnvoll ineinandergreifenden Bestände der nach dem Krieg auf Ost- und West-Berlin verteilten Museen Berlins überwältigten die in Massen hereinströmenden Besucher, auch das Gebäude in seiner zeremoniellen historistischen Festlichkeit fand erstmals auf breiter Ebene Zustimmung. Ja, mit der neuen, auf Wesentliches reduzierten, quasi entmythologisierten Ausstattung wurde der vorher notorisch unterschätzte, oft unsachlich geschmähte Bau als Erlebnisort der besonderen Art entdeckt und gerühmt: als ein auf Bildwerke rücksichtsvoll reagierendes Gehäuse, aber auch als ein atmosphärisch ergiebiger Tempel der bildenden Künste, der im vorläufig noch recht unterkühlten Verband der Berliner Museumsbauten den repräsentativen Part mit einiger Würde übernehmen konnte, aber auch funktional und baukünstlerisch seinen immer schon hochgeschätzten Geschwistern auf der Museumsinsel in nichts nachsteht.

Wie sehr die Kritik, die nach der Einweihung des Kaiser-Friedrich-Museums durch Deutschland hallte, von Animositäten gegen das konservativ agierende Kaiserhaus und schlicht vom Neid der brüskierten Architektenschaft gegenüber dem begünstigten kaiserlichen Oberhofbaurat bestimmt war, zeigen die teils höhnischen Reaktionen in den deutschen Fachblättern und in den Tageszeitungen jener Zeit. Sachliche Einwände gegen das Bauprojekt, wie sie während der Planungsphase vom Generaldirektor der Staatlichen Museen vorgebracht worden waren – Richard Schöne hatte sich für drei verschiedene Museumsbauten an anderen Orten stark gemacht –, finden sich nach der Eröffnung kaum mehr irgendwo. Den Urteilen in den Fachzeitschriften ist die Parteilichkeit anzumerken. Die Tageszeitungen aber ergingen sich gern in Polemiken: So borgte sich das *Berliner Tageblatt* sogar bei einer Zeitung des Erzfeinds Frankreich, beim *Figaro,* genüßlich die Häme, die damals bei einem Teil der Bevölkerung offenbar gut ankam. Daß ein vergleichsweise junger Architekt, der mit Möbelentwürfen im Stil der deutschen Renaissance beim Adel reüssiert und sich dann mit hochherrschaftlichen Schloß- und Villenbauten in geborgten Stilen und mit offiziösen Preußen-Denkmälern dem Kaiserhaus empfohlen hatte, den entscheidenden Museumsbau seiner Epoche ohne Wettbewerb zugesprochen bekommen hatte, färbte für längere Zeit den Blick auf Ihnes Architektur.

Zur Zeit des Baubeginns, im Jahr 1896, konnte noch niemand voraussehen, daß der weltgewandte, in England aufgewachsene, in Paris geschulte Villenbauer

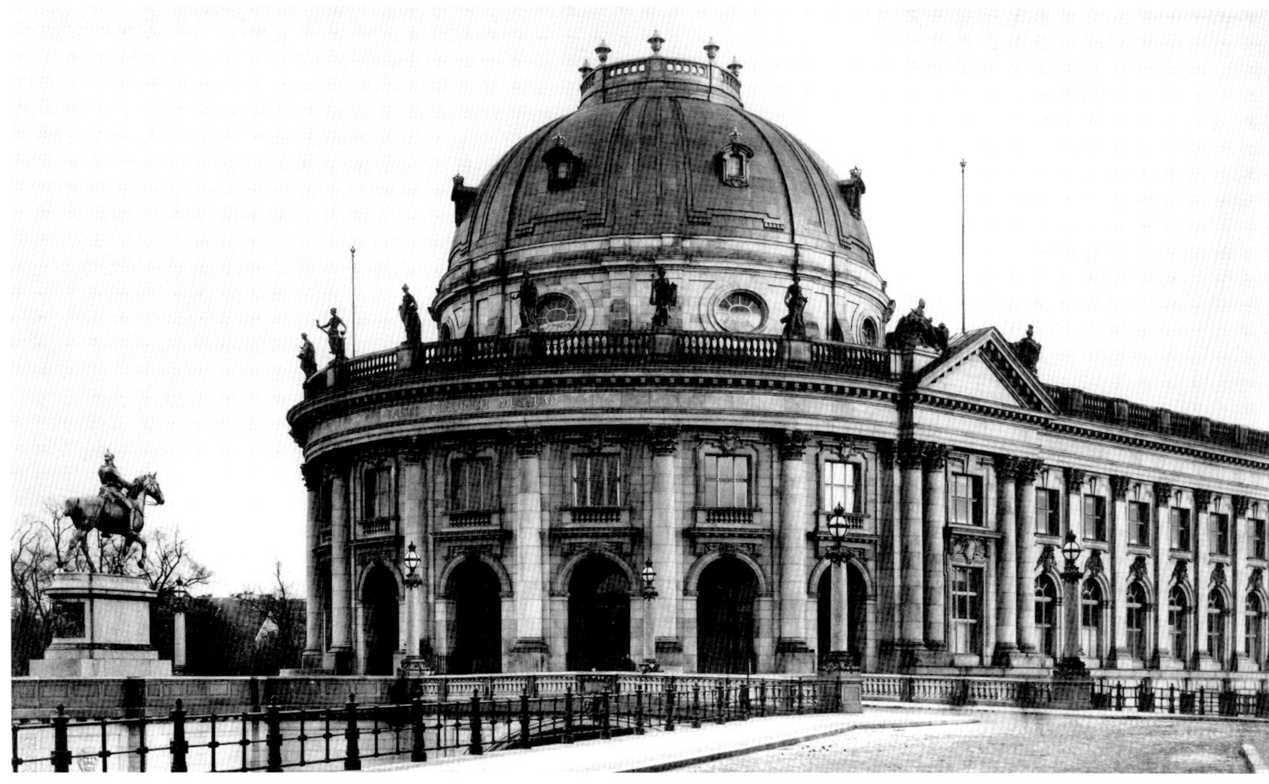

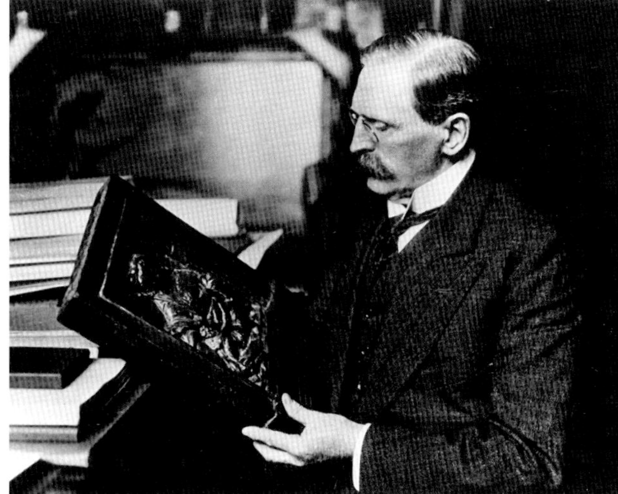

1. Zeitgenössische Aufnahme des Kaiser-Friedrich-Museums, des heutigen Bode-Museums. Links das Reiterstandbild Kaiser Friedrichs III., der Titelfigur des Museums. (Photo: Staatliche Museen zu Berlin.)
2. Wilhelm von Bode, der Gründungsdirektor des Museums. (Photo: Staatliche Museen zu Berlin.)

1. Contemporay photograph of the Kaiser-Friedrich-Museum, the present-day Bode-Museum. To the left the equestrian statue of Kaiser Friedrich III, who had given his name to the newly-opened museum. (Photo: Staatliche Museen zu Berlin.)
2. Wilhelm von Bode, the founding director of the museum. (Photo: Staatliche Museen zu Berlin.)

The New Bode-Museum in Berlin. How Heinz Tesar developed Ihne's building for the 21th century

The original Bode-Museum by Ernst von Ihne

There can be no prominent museum in Europe which, under a variety of names and in a variety of states of repair, has received such a mixed critical response as the Bode-Museum, originally designed by Ernst (Eberhardt) von Ihne in the final decade of the 19th century as the Kaiser-Friedrich-Museum and located on »Museumsinsel« in Berlin. When this museum of post-classical art, originally conceived by Wilhelm von Bode as a »Renaissance museum« and designed at the behest of the German Emperor by his chief architect Ihne, was opened, with the members of the imperial household in attendance, the response was extremely divided. The opinion of the artistic world was mainly negative. In fact, the museum was only praised within the circle of those close to the imperial court, or who had ties to it in some way.

However, in 2006 when the same building was again made accessible as a work of architecture and reopened in grand style under the bourgeois name of the Bode-Museum a full century after its first opening with reorganised content and following extensive restorative work and a remodelling aimed at reconstruction by Heinz Tesar, the amazement in the art world was considerable. It was not only the reunited contents of the museums of Berlin, formerly divided between East and West Berlin in the post-war period and now made seen together at last which the floods of visitors found overwhelming. The building itself in its historical and ceremonial grandeur finally received approval across a wide spectrum. Indeed, due to the reorganisation, which reduced everything to the essentials and could be said to demythologise, this building, once notoriously underestimated and often unfoundedly criticised, could now be discovered and praised as a very special place to experience, as a building which is deeply responsive to the pictures it houses, but also as a temple to visual art with a rewarding atmosphere, capable of credibly representing the restrained group of the Berlin state museums and was also functionally and aesthetically in no way inferior to its already highly rated siblings on the Museumsinsel.

The extent to which the criticism which resounded through Germany following the inauguration of the Kaiser-Friedrich-Museum was due to animosity against the imperial household's conservative stance and the sheer resentment of a contemptuous community of architects against the favoured chief imperial architect can be seen by the sometimes derisive reaction in German professional journals and the daily papers of the time. Objections on architectural grounds which had been raised during the planning phase by Richard Schöne, general director of state museums, had argued in favour of three different museum on different sites – practically disappeared after the opening. A partisan attitude is noticeable in the reception by the specialist journals. The daily papers, however, were given to polemics. For instance, the *Berliner Tageblatt* vigorously aired its malice in a paper, *Le Figaro,* belonging to France, the archenemy, which, at the time, oviously went down well with the public. That a relatively young architect who had achieved success among the aristocracy by means of furniture designs in the style of the German Renaissance and had then recommended himself to the circle led by the Emperor by his regal castles and villas in traditional styles and by officious Prussian memorials had received the commission to build the most significant museum of his epoch without any competition coloured perception of Ihne's architecture for a considerable length of time.

At the time when building began, in the year 1896, it could not have been foreseen that the cosmopolitan architect Ernst Eberhardt von Ihne, who grew up in England and was schooled in Paris would, during the course of his short life – he died in 1917 – become one of the leading architects at the end of historicism. Those buildings by him which were to significantly influence Berlin's image after the 1870s were all built at a later date. The palace-like Neuer Marstall (1901) built next to the Stadtschloß in the finest tradition of the Berlin Baroque, which was rebuilt in a simplified form after the Second World War and is now occupied by the Hochschule für Musik »Hans Eisler«, is one of the most powerful memorials to late Wilhelmine architecture. The Neue Königliche Bibliothek (1914) – today the Deutsche Staatsbibliothek Unter den Linden – held up until the war within its seven courts of various wings and ressauts one of the grandest spaces in its time; the octagonal reading room, which was roofed in by a massive glass-and-steel dome. Also worthy of mention are the diverse yet quintessential buildings for the scientific institutes of the Kaiser-Wilhelm-Gesellschaft in Dahlem, which are now used by the Max-Planck-Institut and the Freie Universität, as well as the premises of the Königlich-Preußische Akademie der Künste (1907) in the former Palais Arnim on Pariser Platz, of which little remains as part of the newly-built academy by Günter Behnisch.

Ernst Eberhardt von Ihne's most architectonically ambitious and original building, however, was achieved on the cramped, constricted corner of the Museumsinsel. The Kaiser-Friedrich-Museum, the fourth building in the ensemble, surprises not only by its logical solutions to the narrowness of the site, but also by the architectonic qualities with which it rises to meet the demands of the situation. The Altes Museum designed by Schinkel, completing the palace grounds and the Lustgarten (opened in 1830), the Neues Museum designed by Stüler, situated behind the Altes Museum and adjoining it on the northern side (1856) and the Alte Nationalgalerie, also designed by Stüler and built next to the Neues Museum (1876) were already aligned in a loose sequence with that half of the castle and museum district which is situated downriver, when the railway viaduct built in 1880, with its massive arches proceeding crosswise through the city – it is still essential to traffic passing from east to west inside the circle line – cut of the northern corner of the elongated Museumsinsel from the lavishly developed remainder.

On this isolated and irregularly shaped triangle between the elevated Stadtbahn, the Spree and the Kupfergraben Ihne had to construct a building which would answer all the demands of a museum. Access to the cut-off piece of land was only possible from the tip of the island. So Ihne had a bridge built – the Monbijoubrücke – and modelled the tip of the island after the Pont Neuf in Paris as a bridgehead, on which, like a figurehead on the prow of a ship, an equestrian statue of Kaiser Friedrich III, who had given his name to the newly-opened museum, could be effectively erected. The wedge-shaped body of the museum was built on

Ernst Eberhardt von Ihne in seiner kurzen Laufbahn – er starb bereits 1917 – einer der führenden Architekten des ausgehenden Historismus werden würde. Die Bauten, die das gründerzeitliche Bild Berlins wesentlich prägen sollten, entstanden erst in der Folgezeit. Der in den strengen Formen des Berliner Barocks errichtete palastartige Neue Marstall (1901) neben dem Stadtschloß – er wurde nach dem Zweiten Weltkrieg vereinfacht wiederhergestellt und wird heute von der Hochschule für Musik »Hans Eisler« genutzt – ist eines der kraftvollsten Monumente der spätwilhelminischen Architektur. Die Neue Königliche Bibliothek (1914) – heute Deutsche Staatsbibliothek Unter den Linden – hat in ihrem um sieben Höfe herumkomponierten, hierarchisch gesteigerten Flügel- und Risalitgefüge bis zum Krieg einen der großartigsten Räume seiner Zeit umschlossen: den achteckigen Lesesaal, der von einer gewaltigen Kuppel aus Eisen und Glas überspannt war. Zu erwähnen wären auch die diversen repräsentativen Bauten für die wissenschaftlichen Institute der Kaiser-Wilhelm-Gesellschaft in Dahlem, die heute vom Max-Planck-Institut und von der Freien Universität genutzt werden, sowie die Räumlichkeiten der Königlich-Preußischen Akademie der Künste (1907) im vormaligen Palais Arnim am Pariser Platz, von denen nur Weniges im Akademie-Neubau von Günter Behnisch überdauert hat.

Das architektonisch anspruchsvollste und originellste Baukunstwerk ist Ernst Eberhardt von Ihne aber auf der abgeschnürten, gekrümmten Spitze der Berliner Museumsinsel gelungen. Das Kaiser-Friedrich-Museum, der vierte Museumsbau im Ensemble, verblüfft nicht nur durch die schlüssige Antwort, die er auf die Schikanen des Orts findet, sondern auch durch die architektonische Qualität, mit der er den Ansprüchen der Situation gerecht wird. Das Alte Museum von Schinkel als Abschluß des Schloßbezirks und des Lustgartens (1830 eröffnet), das Neue Museum von Stüler, im Rücken des Alten Museums nördlich anschließend (1856), und die Alte Nationalgalerie, ebenfalls nach Plänen von Stüler parallel zum Neuen Museum errichtet (1876), reihten sich schon in lockerer Folge auf der flußabwärts gelegenen Hälfte der Schloß- und Museumsinsel hintereinander, als um 1880 die auf mächtigen Bögen quer durch die Stadt geführte Hochtrasse der Stadtbahn – sie regelt bis heute den Ost–West-Verkehr in der Innenstadt zwischen den Trassen der Ringbahn – so über die Spree hinweg geführt wurde, daß sie den nördlichsten Zipfel der langgezogenen Insel von ihrem großzügig bebauten Rest abtrennte.

Auf dem so isolierten unregelmäßigen Dreieck zwischen Hochbahn, Spree und Kupfergraben hatte sich Ihne mit der Vielfalt der musealen Funktionen einzurichten. Eine Erschließung des abgeschnürten Grundstücks kam nur von der Inselspitze her in Frage. Ihne ließ also eine Brücke – die Monbijoubrücke – quer über das Ende der Insel legen und baute die Spitze nach dem Vorbild des Pont Neuf in Paris zu einem Brückenkopf aus, auf dem sich, einer Galionsfigur an der Spitze eines Schiffes gleich, ein Reiterdenkmal Kaiser Friedrichs III., der Titelfigur des gegenüber sich öffnenden Museums, wirkungsvoll plazieren ließ. Den keilförmigen Korpus des Museumsbaus aber setzte Ihne auf Pfählen so in die Spree, daß seine Außenwände ohne Kaimauer direkt aus dem Wasser emporsteigen.

Die Gestaltung der beiden Fassaden zum Wasser hin mit einer korinthischen Kolossalordnung und übergiebelten Risaliten über einem hohen Sockelgeschoß kann als zeitgemäß konventionell gelten. Von höchster organisatorischer und ästhetischer Logik sind aber die innere Erschließung des Gebäudekomplexes und die symmetrische Anordnung der diversen Funktionen auf dem räumlich stark begrenzten, ganz und gar unsymmetrischen dreieckigen Grundstück, das drei unterschiedlich lange Seiten aufweist und dabei an keiner Stelle über einen sauberen rechten Winkel als möglichen Eckpunkt der Komposition verfügt.

Ihne ging mit seinem Bau auf allen drei Seiten bis an den Rand des Grundstücks, ließ also von der Monbijoubrücke aus zwei zwangsläufig unterschiedlich lange Flügel fächerförmig an den beiden Ufern entlanglaufen und schloß den Komplex an seinem Ende mit einem an der Hochbahntrasse entlanggeführten und darum die beiden Längsflügel unterschiedlich schräg anschneidenden querliegenden Verbindungsbau. Wie aber bringt man eine hierarchisch geordnete Symmetrie, wie sie damals in der Museumsarchitektur selbstverständlich und bei den Vorgängerbauten auf der Insel mit wechselnden Motiven zelebriert worden war, in diese schiefe Grundrißfigur hinein?

Ihne behalf sich mit einem genialen Einfall: Er legte zwischen die beiden von der Monbijoubrücke aus fächerförmig, doch ungleich weit nach vorn stoßenden Außenflügel einen dritten Flügel symmetriebildend als Mittelachse hinein, schob ihn bis zum rückwärtigen Schrägflügel nach hinten und beantwortete den in spitzem Winkel von rechts ankommenden Trakt mit einem im gleichen Winkel symmetrisch nach links vorstoßenden neuen Quertrakt, schickte also einen inneren Querflügel zum langen linken Außenflügel und kappte so die links nach hinten vorstoßende Spitze des urprünglichen Gebäudedreiecks, schied sie als Annex aus der symmetrischen Figur aus und wies ihr eine neue Funktion zu.

Auf diese Weise erzeugte Ihne ein im Grundriß symmetrisch von der Eingangshalle aus über drei Achsen sich öffnendes und am Ende mit zwei Querarmen wieder schließendes Gebäudekontinuum, das die Besucher beim Rundgang nicht in verwirrende Sackgassen und spitzwinklige Raumfolgen führt, sondern sich mit seinen beiden Außenflügeln, dem Mittelgang und den abschließenden Querflügeln als logisch symmetrische Abfolge darbietet. Auch nach außen stellt der Bau die im Inneren erreichte Ordnung bildhaft dar: Die beiden Museumsfassaden über dem Wasser sind jeweils zehn Fensterachsen lang und enden in Risaliten. Der restliche Zipfel des Gebäudekomplexes auf der linken, der Spree-Seite – Ihne hat ihn für die Werkstätten und die Verwaltung reserviert, einzelne Räume lassen sich aber auch dem Ausstellungstrakt zuschlagen – ist deutlich vom Ufer zurückgesetzt, kann also die angestrebte Symmetrie im Museumsteil nicht stören.

Mit der Form des Fächers als Gebäudegrundriß hat Ihne auch die Form einzelner Räume vorbestimmt. So konnte die Stelle im rückwärtigen Teil des Gebäudes, wo der Mitteltrakt in spitzem Winkel seitlich von den beiden Querflügeln angeschnitten wird, nur mit einem Rundbau harmonisch instrumentiert werden. Die Kuppelrotunde am Ende der Mittelachse ist also nicht nur ein festlich schönes Gehäuse für die nötige Treppe und für das friderizianische Skulpturenprogramm, sondern auch ein funktional wunderbar logisch entwickeltes Scharnier in der Abfolge der Museumsräume.

Für das Eingangsfoyer des Museums, das die spitz zusammenlaufenden inneren Achsen des Gebäudes sinnvoll miteinander verbinden und einzeln erschließen

3. Kaiser-Friedrich-Museum. Gemäldegalerie, 1904. (Aus: Andreas Lepik (Hrsg.), *Masterplan Museumsinsel Berlin*, Berlin 2000.)

3. Kaiser-Friedrich-Museum. Picture gallery, 1904. (From: Andreas Lepik (ed.), *Masterplan Museumsinsel Berlin*, Berlin, 2000.)

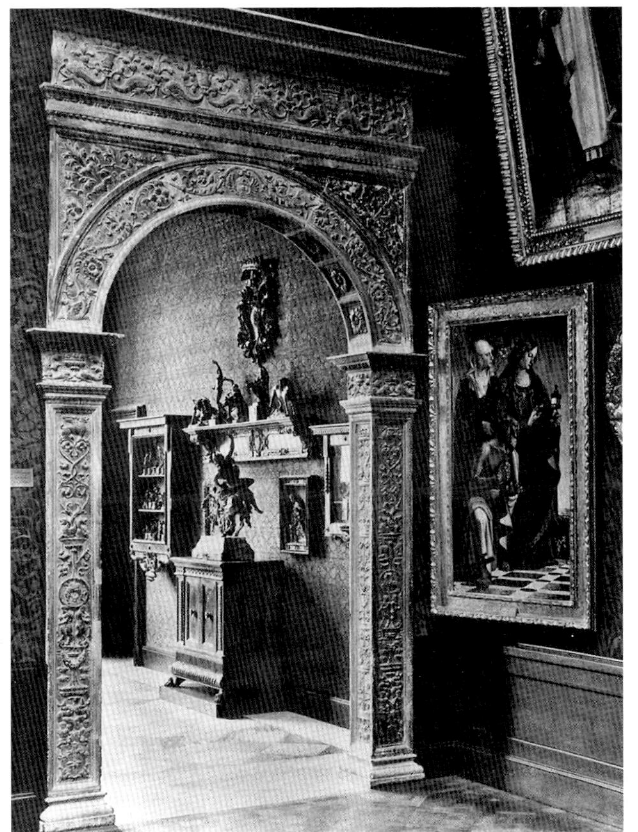

pillars standing in the Spree in such a way that the external walls arose directly out of the water, without a quay wall.

The construction of the two façades facing the water, with Corinthian capital order and pedimented ressauts above a tall foundation can be considered conventional for the time. The internal development of the complex of buildings and the symmetrical arrangement of the diverse functions on the triangular patch of ground with its limited space and total lack of symmetry, which has three sides of different length and therefore has no right angle to offer as a possible corner for the building, however, shows a high degree of organisational and aesthetic logic.

Ihne extended his building up to the edge of the plot of ground on all three sides. That is, he extended two wings of necessarily unequal lengths from the Monbijoubrücke in a fan-shaped formation along each boundary, terminating the complex at the other end with a connecting building running parallel to the viaduct and crossways to the two wings of the building, intersecting them at different angles. But how does one introduce the hierarchic symmetry which at the time was expected in a museum and which had been celebrated with a variety of motifs in the earlier buildings on the island into this asymmetrical basic figure?

Ihne extricated himself by means of a brilliant idea. In between the two outer wings which project in unequal distances from the Monbijoubrücke in a fan-shape, he placed a third wing as a central axis to create symmetry, extending it backwards to the wing coming across at an angle to the rear, and then built a corresponding section at a sharp angle to the right with a symmetrical section coming in at the same angle from the left. That is, he turned an internal transverse wing into a long external left wing and thereby trimmed the left corner of the original triangular shape of the building to the rear, separating it from the symmetrical shape to form an annex and giving it a new function.

In this way Ihne created a continuous building with a symmetrical outline which, starting from the entrance hall, extends along three axes and terminates with two transverse arms at the opposite end, which does not funnel visitors into bewildering dead ends and twisty processions of rooms, but instead presents a logical and symmetrical sequence with its two outer wings, the middle passage and the terminating transverse wings. From the outside the internal order is also visually represented. The two museum façades overlooking the water are both long enough to include ten windows and both end in a ressaut. The remaining corner of the building complex on the left side, facing the Spree – Ihne reserved it for workshops and for offices, but some individual rooms were also used for exhibitions – is significantly set back from the river bank so as not to disrupt the wished-for symmetry.

In choosing the fan shape as a basic outline, Ihne also determined the form of individual rooms. For instance, the space in the rear of the building where the middle section is intersected at an acute angle by the two transverse wings could only be utilised harmoniously by means of a round construction. The domed rotunda at the end of the middle axis is therefore not only a grand setting for the necessary staircase and for the Friedrich collection of sculptures, but is also from a functional point of view a wonderfully logically placed hinge in the sequence of the museum's rooms.

The only shape which the entrance foyer could take, as it had to sensibly integrate the three sharply converging inner axes of the museum with each other and allow separate access to them, as well as representing the museum to the outside view while at the same time marking the tip of the island, was that of a high projecting domed construction. By using this almost spiritual architectural motif, Ihne gave Berlin's island art treasury an impressive termination (or beginning). To anyone who views the Berlin art heritage island from the north or sees it from a boat while on a trip down the Spree, the forward-projecting domed entrance hall appears to be the bow of an enormous liner, carrying the visual arts into the city.

The refurbishment of the Bode-Museum by Heinz Tesar

That the Viennese architect Heiz Tesar was the chosen candidate for restoring the Bode-Museum during the general restoration of Berlin's Museumsinsel in the year 1997 can be considered fortunate. Tesar has always considered designing and building an artistic process. For him, architecture has never ceased to be part of the spectrum of the visual arts. Building connects self-evidently with the other visual arts, with painting, sculpture and craftwork. Throughout his career, Heinz Tesar has also produced visual art. The requirements of pictorial art are therefore known to him from personal experience. At the same time, an understanding of the specific qualities of and opportunities offered by different artforms allows him to take into account in his plans the aesthetic achievements of previous generations. During the general renovation of the Bode-Museum and adaptation of Ihne's architecture he was able to apply his visual consciousness, creative abilities and understanding of historical values in a highly productive way.

When the refurbishment process began in 1997 those responsible still believed that the building, which after the war had been rebuilt in a simplified form within the Soviet zone of occupation, could be adjusted to present-day requirements solely by repair. However, it soon became clear that an overhaul of the entire air-conditioning and lighting systems was necessary. The roofing of the upper storey with the (now closed) lean-to roofs above the enfilade of externally placed, side-lighted cabinets and the glass double-pitched roof above the skylights for the inward-lying rooms needed to be completely reconstructed. The specially developed air-conditioning systems were installed in the free spaces in the roof and in the external walls. Where heaters could appropriately be fitted under windowsills, Heinz Tesar covered them with a visually subtle grating of narrow vertical parallel bars, which was also used for the banisters in the new stairwell. A visual motif, almost a trademark, which is known to us from Tesar's earliest projects.

To light the rooms and to illuminate individual objects in glass cases, Tesar and the Swiss lighting engineer Charles Keller designed a system of subtle light sources. For the most part the ceilings are free of spot and tube lights. In the rooms with neutral white ceilings an extremely comfortable indirect lighting is provided by flat, upward-facing metal troughs attached to the walls. They allow the roof areas over the external cabinets of the upper storey originally open as skylights but closed during the renovation to appear, with their outlining frames,

muß, nach außen aber das Museum repräsentieren und gleichzeitig die Spitze der Museumsinsel markieren soll, kam nur ein hoher, ausladender Kuppelbau als Figur in Frage. Mit diesem fast sakralen Architekturmotiv hat Ihne dem Museumspark auf der Insel – dem Weltkulturerbe – einen eindrucksvollen Abschluß (oder Anfang) gegeben. Ja, wer die Berliner Kunst-Schatzinsel von Norden her betrachtet oder auf einer Spreefahrt vom Boot aus erlebt, der kann den vorgereckten runden Eingangsbau des Bode-Museums durchaus wie den Bug eines großen Dampfers empfinden, auf dem die bildenden Künste in die Stadt einziehen.

Die Neufassung des Bode-Museums durch Heinz Tesar

Daß bei der Wahl für die restaurierende Neugestaltung des Bode-Museums im Rahmen der Gesamtsanierung der Berliner Museumsinsel im Jahr 1997 der Wiener Architekt Heinz Tesar zum Zug kam, kann als Glücksfall gewertet werden. Tesar hat das Entwerfen und Bauen immer als eine Form der Kunstausübung betrachtet. Für ihn ist die Architektur nie aus dem Verband der »bildenden Künste« ausgestiegen, die Baukunst kommuniziert bei ihm ganz selbstverständlich mit anderen Künsten, mit der Malerei, der Bildhauerei und dem Kunsthandwerk. Während seiner ganzen Laufbahn hat sich Tesar auch bildkünstlerisch betätigt. Die Bedürfnisse von Bildwerken sind ihm also schon vom eigenen Schaffen her vertraut. Das Verständnis für die spezifischen Qualitäten und Möglichkeiten unterschiedlicher Kunstformen hat ihn beim Gestalten aber auch Rücksicht nehmen lassen auf die von anderen Generationen geleistete ästhetische Arbeit. Bei der Generalsanierung des Bode-Museums und der Adaptierung der Ihne-Architektur hat er sowohl sein bildnerisches Bewußtsein, sein gestalterisches Können als auch sein Verständnis für historische Werte höchst produktiv einsetzen können.

Als die Sanierungsmaßnahmen 1997 begannen, hatten die Auftraggeber noch geglaubt, daß die nach dem Krieg in der sowjetisch besetzten Zone vereinfachend wiederaufgebaute Architektur mit bloßen Reparaturen den heutigen Bedürfnissen angepaßt werden könnte. Doch schon bald zeigte sich, daß eine Erneuerung des gesamten Klimatisierungs- und Belichtungssystems nötig war. Die Dachlandschaft über dem Obergeschoß mit den – nun geschlossenen – Pultdächern über der Enfilade der außen gelegenen, seitlich belichteten Kabinette und mit den gläsernen Satteldächern hoch über den Oberlichtern der innen gelegenen Säle mußte völlig neu konstruiert werden. Die eigens entwickelten Techniken der Klimatisierung aber verlegte man in die freigehaltenen Zwischenräume der Decken wie der Außenwände. Dort, wo Heizkörper unter Fensterbänken angebracht wurden, hat sie Tesar mit einem graphisch subtil wirkenden Gitter aus feinen, senkrechten Parallelstäben verkleiden lassen, wie es auch am Geländer im neu angebauten Treppenhaus zum Einsatz kommt – ein bildnerisches Motiv, quasi ein Markenzeichen, das wir aus früheren Bauten Tesars kennen.

Für die Belichtung der Räume und die Beleuchtung einzelner Objekte haben sich der Schweizer Lichtplaner Charles Keller und Heinz Tesar ein System diskret arbeitender Lichtquellen erdacht. Die Decken bleiben in der Regel von Spots und Schienen verschont. In den Sälen mit neutral weißer Decke sorgen flache, nach oben gerichtete Stahlwannen, die aus den Wänden ragen, für eine höchst angenehme indirekte Helligkeit. Sie lassen etwa die ursprünglich als Oberlichter geöffneten, beim Umbau wieder geschlossenen Deckenfelder in den Außenkabinetten des Obergeschosses mit ihren rahmenden Vouten wie monochrom weiß leuchtende Bilder erscheinen und geben den sanft gewölbten Preußischen Kappen der Decken in den großen Sälen und im Sockelgeschoß modellierend Profil. Nur in den Sälen mit dunklen Holzdecken, in denen das von unten kommende Licht nicht in den Raum zurückreflektiert wird, hat Tesar Einzelspots, die auf die weißen Wände gerichtet sind, in Reihen an einzelnen Balken anbringen lassen.

In den Sälen mit Oberlicht kommt das ergänzende Kunstlicht ausschließlich von oben durch die Rechtecke der Glasdecken. Und in den Räumen mit Seitenlicht und Ausblick in die Stadt läßt sich das Tageslicht, das durch die Fenster kommt, nach Bedarf mit heruntergelassenen matten Screens neutralisieren und zu einer den Raum gleichmäßig erfüllenden Helligkeit vereinheitlichen. Gleichzeitig wird durch die Screens Ablenkendes aus den Räumen weggeblendet: Besonders in dem großen hinteren Saal des Erdgeschosses, der sich mit seinen Rundbogenfenstern direkt zum hochgestemmten Gleisbett der parallel geführten Hochbahn hin öffnet, ist der Besucher dankbar, daß er nicht ständig durch die in Augenhöhe vor dem Fenster vorbeipreschenden S-Bahn- und Intercityzüge von den Exponaten abgelenkt wird.

Bei der farblichen Gestaltung der Einzelräume hat sich Tesar in Absprache mit den jeweiligen Museumsteams auf wenige dezidiert raum- und objektbezogene Töne beschränkt. Dem feinen Grau der in die Höfe sich öffnenden Säle entspricht das matte Grün der Münz- und Bronzekabinette, das den dort in die Wand eingelassenen oder vor der Wand postierten, subtil indirekt ausgeleuchteten Glasvitrinen einen kraftvollen Hintergrund gibt. Dunkles Rot als Wandfarbe bleibt auf ein abgedunkeltes Kabinett mit weißen Kleinskulpturen der Renaissance beschränkt: Die hell angestrahlten Objekte in ihren Glasgehäusen erhalten dort vor dem sonor dunklen Hintergrund eine plastische Individualität, die sie vor den Augen der Besucher wachsen läßt.

In der Kuppelhalle, dem festlichen Foyer des Museums – es ist bei der ersten Wiederherstellung nach dem Krieg einheitlich weiß ausgemalt worden –, hat Tesar die Marmorverkleidung der Pilaster wieder herausschälen und die auf die Wand gemalten Steinfugen, die einen massiven Steinbau simulieren sollen, wieder aufmalen lassen. In der Kameke-Halle, die sich in der Mittelachse des Museums an den Kuppelsaal anschließt und zur Basilika weiterführt, wurde auf Screens vor den Fenstern verzichtet. Die mächtigen Gartenstatuen von Andreas Schlüter kommen dort also mit direktem Tageslicht in Berührung. Den Besuchern aber, die hier ihren Rundgang beginnen, bietet der Ausblick auf die beiden von der Kuppelhalle aus noch nicht sichtbaren seitlichen Museumstrakte eine erste Orientierung.

Die anschließende Basilika wurde von allen Einbauten und imitierenden Malereien, die an die Erstausstattung erinnerten, befreit. Die hell gestrichenen Steingurte, die im Rhythmus der seitlichen Kapellen das Tonnengewölbe unterteilen, vermitteln dem langgestreckten Saal nun wieder etwas vom rationalen Geist der Frührenaissance.

In diesem Raum hatten ehedem die vom Gründungsdirektor des Kaiser-Friedrich-Museums, Wilhelm von Bode, initiierten und bald schon in aller Welt kopierten Stilinszenierungen ihre triumphale Übersteigerung erfahren:

3, 4. Heinz Tesar, Ideenskizzen zur Museumsinsel, Berlin, 1998.

3, 4. Heinz Tesar, concept sketches for the Museumsinsel, Berlin, 1998.

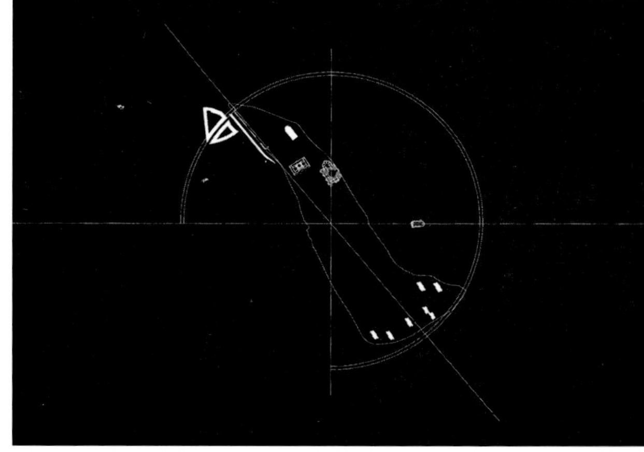

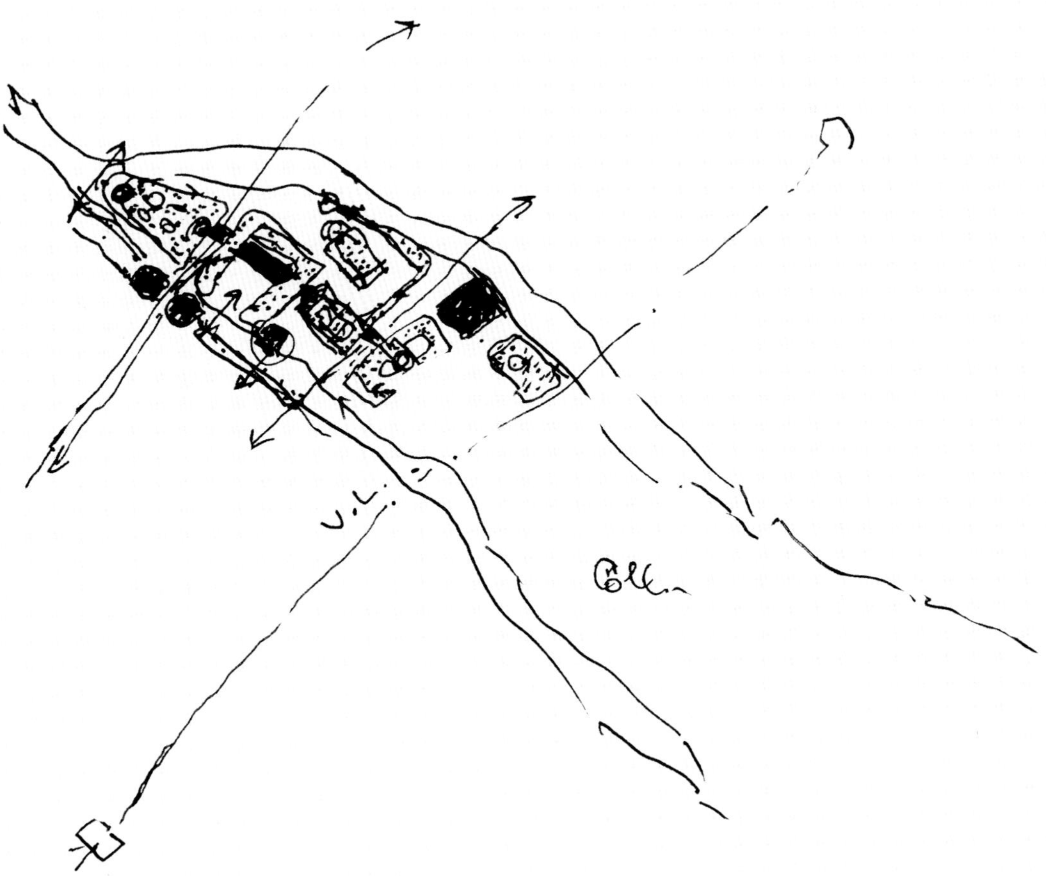

like luminous monochrome white pictures, and give the gently arched Prussian vaulting of the large rooms and of the foundation storey a modelled profile. It is only in the rooms with dark wood ceilings, in which light coming from below would not be reflected back into the room, that Tesar has used individual spot lights. Installed on individual beams, they are directed at the white walls.

In the rooms with skylights, the supplementary artificial light comes entirely from above, through the corners of the glass ceiling panels. In the rooms with side-lights and views of the city, the daylight which comes in through the windows is neutralised where necessary by means of rolled-down screens which equalise the light to fill the room with a uniform brightness. At the same time, distractions are excluded from the room by the screens. In the large hall to the rear of the ground floor in particular, where the bow windows open directly onto the raised embankment for the tracks of the railway opposite, the visitor is thankful not to be permanently distracted from the exhibits by trams and intercity trains speeding past the window at eye level.

When choosing colours for individual rooms, Tesar, after discussions with the then serving museum staff, decided on muted tones which augment the spaces and objects. The soft grey of the rooms which open onto the courts corresponds to the dull green of the coin and bronze cabinets which gives the subtly and indirectly lighted glass cases set into the walls or standing against the walls a strong background. The use of dark red as a wall colour is confined to a single darkened cabinet housing white Renaissance figurines. Before the eyes of the visitor, the strongly illuminated objects in their glass housing gain from the sonorously dark background a three-dimensional distinctness.

In the large domed gallery, which was painted a uniform white during the first renovation after the war, Tesar has re-revealed the marble cladding on the pilasters and had the stone effect of the walls, supposed to simulate a massive stone building, repainted. In the Kameke Hall, which connects to the domed hall at the central axis of the museum and leads to the basilica, screens in front of the windows have been dispensed with. The powerful garden statues by Andreas Schlüter are thereby exposed to direct daylight. As for the visitors who begin their tour here, they are given orientation by the view of the two side-sections of the museum not visible from outside the domed hall.

The connecting basilica has been freed of all internal fittings and imitative painting which recall the first outfitting. The line of stone girders, painted a light colour, which separates the barrel vault into side chapels, gives the elongated space something of the rational spirit of the early Renaissance.

It was in this room that the stylistic exhibitions initiated by the founding director of the Kaiser-Friedrich-Museum, Wilhelm von Bode, and soon copied all over the world experienced their triumphant, excessive heyday. Using pieces of architecture, furnishings, sculptures, paintings and miscellaneous works of art and craft, Bode would assemble ensembles to represent an epoch, simulating a fictitious art synthesis typical of a particular landscape. In the present state of antiquarian science, such a manipulative assemblage of art objects with no relation to each other is impermissible. This kind of beautified ensemble does admittedly create a historical atmosphere,

Mit Architekturteilen, Möbeln, Plastiken, Gemälden und kunsthandwerklichen Arbeiten unterschiedlicher Provenienz hat Bode Epochen-Ensembles zusammengestellt und fiktiv orts- oder landschaftstypische Gesamtkunstwerke simuliert. Das heutige Museumsverständnis verbietet solche manipulierende Kumulationen von zufällig zusammengekommenen Kunstobjekten. Mit geschönten Raumensembles dieser Art läßt sich zwar eine historisierende Atmosphäre entwickeln, aber die oft riesigen Qualitätsunterschiede zwischen den zusammengestellten Exponaten werden auf peinliche Weise eingeebnet; die eingestreuten Meisterwerke verlieren ihre individuelle Kraft.

Für die Neueinrichtung des Bode-Museums wurden die Bestände der vier beteiligten Museen streng nach heutigen Qualitätsmaßstäben durchkämmt. Nur die bedeutendsten Einzelobjekte der wiedervereinigten Sammlungen fanden Berücksichtigung – und diese Spitzenstücke galt es bei der Neueinrichtung ihrem Rang, aber auch ihrer Funktion gemäß zu positionieren. Auch für diese Aufgabe hat Tesar ein System von Formen und passenden Materialien entwickelt. Neben den individuell dimensionierten kubischen Ganzglashauben für Einzelobjekte waren es vor allem die Sockel für die Skulpturen, die individuell entworfen werden mußten. Je nach Stofflichkeit des Objekts kamen dabei Gußstahl oder Edelstahl, Naturstein oder Kunststein und in besonderen Fällen sogar farbige Kunststoffe mit mattglänzender Oberflächenstruktur zum Einsatz.

Die Präsentation von plastischen Objekten in Museen kann dann als geglückt bezeichnet werden, wenn die Besucher die Prothesen, die den Exponaten zur Wirkung verhelfen, nicht als störend wahrnehmen. Wie perfekt dies im Bode-Museum gelungen ist, läßt sich am schönsten wohl im Museum der Byzantinischen Kunst studieren, wo die vielen aus dem Zusammenhang gerissenen Architekturfragmente durch die stofflich differenzierten Positionierungsmaßnahmen eine lebendige zweite Existenz erhielten.

Als Baukünstler und Visionär war Heinz Tesar aber vor allem bei der Adaption des denkmalgeschützten Museumsbaus für heutige museologische Bedürfnisse gefordert sowie bei der Anbindung des Bode-Museums an die Archäologische Promenade, also jene geplante unterirdische Passage, die einmal die vier hintereinander aufgereihten Museen Alter Kunst auf der Museumsinsel funktional miteinander verbinden und so den Besuchern einen bequemen Rundgang durch eine Art deutschen Louvre ermöglichen soll.

Der Ihne-Bau kannte weder einen Personen- noch einen Lastenaufzug und war auch mit Treppenhäusern, die individuelle rasche Querbewegungen im Haus jenseits der Schautreppenhallen ermöglicht hätten, und mit sanitären Einrichtungen nur sehr spärlich bestückt. Tesar wollte darum in die beiden beengten Toilettenräume, die seitlich an die Kuppelhalle angeschlossen sind, Treppen- und Lifttürme hineinsetzen, die direkt aus dem Eingangsfoyer hinauf ins Obergeschoß und in die beiden sonst nur auf Umwegen zu erreichenden Außentrakte geführt, aber gleichzeitig auch großzügige moderne Toilettenanlagen im Sockelgeschoß erschlossen hätten. Doch dieser höchst sinnvolle, die Altbausubstanz kaum beschädigende Eingriff wurde von den Behörden nicht genehmigt.

Tesar mußte das dringend benötigte zusätzliche Treppenhaus mit dem Liftschacht also in einen der beiden großen hinteren Innenhöfe verlegen, was zu peinlich kompromißlerischen Verlegenheiten oder groben Verletzungen am Altbau hätte führen können. Doch er setzte ganz auf die bildhafte Kraft der eigenen Architektursprache und ließ einen eleganten schlanken Baukörper, der sich mit seiner Schmalseite vom Altbau nur abzustoßen scheint, also den Ihneschen Achsenrhythmus nicht stört, als einprägsame Bauskulptur in den Hof hineinwachsen. Der flurartig lange Innenraum mit der einläufig geführten Treppe ist auf einer Seite vollkommen verglast, bietet dem Besucher somit beim Auf- oder Absteigen einen schönen Panoramaausblick auf den italianisierenden Außenbau der Basilika. Die gegenüberliegende Wand im Treppenschacht ist konkav nach außen gewölbt und so geschickt indirekt angestrahlt, daß sich der Raum atmosphärisch zu weiten scheint und wie eine Apsis lebendig auf die geradlinigen Parallelen der Treppenstege und das vertikale Stabwerk der Geländer antwortet.

Das neue Treppenhaus führt nicht nur zu den Toiletten im Sockelgeschoß, sondern erstmals auch hinunter in die vier wunderbar stillen Höfe, die, mit Kies und Wegeplatten belegt und durch Tunnel miteinander verbunden, auf ihre Entdeckung durch das Museumspersonal und das Publikum warten.

Am weitesten aus dem Dunstkreis Ihnes hat sich Tesar mit der ihm anvertrauten Partie der unterirdischen Archäologischen Museumspromenade entfernt. Eigentlich hätte er für das letzte Stück der Passage nur einen bequemen Verbindungstunnel vom Sockelgeschoß des Pergamonmuseums unter der aufgebockten Eisenbahntrasse hindurch und wieder hinauf ins Sockelgeschoß des Bode-Museums anbieten müssen, doch er schlug ein höchst dynamisches Raumgebilde vor, das schon mit seinen Grundrissen die Phantasie der Museumsleute anregen dürfte.

Beidseits von den Museumskellern aus stoßen breite, aber sich rasch verengende Räume wie Keile zur Mitte unter der Bahntrasse vor. Dort aber steigt ein weiter und hoher Rechteckraum zwischen den Stahlstützen des Brückenbauwerks bis hinauf unter die vier Gleiskörper. Seine Wände öffnen sich wannenartig nach oben und holen durch die schrägen Glasfronten oberhalb der Erde viel Tageslicht, aber auch die Geräusche der fahrenden Züge herunter in die strenge Stereometrie der abgesenkten Räume und in die kunstvoll zelebrierten historischen Kunstwelten des Museenparcours, in denen diese unerwarteten Boten von oben eine enorm belebende Kontrastwirkung erzielen.

Nach der diagonalen Unterquerung des Bahnkörpers betreten die Besucher, die auf der Archäologischen Promenade vom Pergamonmuseum her kommen, das Bode-Museum auf seiner Rückseite – und zwar an seiner tiefsten Stelle: zwei Geschosse unterhalb der Kuppelrotunde, ein ganzes Stockwerk unterhalb des Ihneschen Sockelgeschosses. Die tragenden Substrukturen des Kuppelbaus mußten für diese Gruft beträchtlich in die Erde hinein verlängert werden, was bei der Ausführung komplizierteste Hilfskonstruktionen erforderte. Daß bei dieser waghalsigen Unterkellerung des Rundbaus und bei der Kanalisierung der Besucherströme aus dem unterirdischen Schacht über Treppen und Aufzug nach oben in die Museumsgeschosse auch noch ein eindrucksvoller zusätzlicher Ausstellungsraum entstanden ist, kann als große baumeisterliche Leistung gewürdigt werden.

Tesar hat die Außenmauern der Rotunde in die Erde hinein verlängern lassen, von den sechs tragenden, den Raum verstellenden Pfeilern unter den Quergurten des

but the often enormous differences in quality between the assembled exhibits are also inappropriately slurred over. The sprinkled-in masterpieces lose their individual impact.

For the refurbishment of the Bode-Museum, the collection was carefully combed through, with modern standards being applied. Only the most significant objects in the reunited collection were considered for inclusion – and the idea was to position these premium pieces according to their importance, but also according to their function. This was another task which Tesar faced using a system of forms and of appropriate materials. Apart from the individually proportioned cubic all-glass housings for individual objects, the main issue was the pedestals for the statues, which had to be designed individually. Depending on the material of the art object, cast steel or stainless steel, natural or artificial stone, and in exceptional cases coloured artificial materials with matt finish surfaces were used.

If visitors do not find the fixtures which enhance the effect of the exhibits distracting, then presentation of three-dimensional objects in a museum context can be considered successful. How perfectly this has been achieved in the Bode-Museum can best be seen in the Museum of Byzantine Art, where the many fragments of architecture, all removed from their original context, have received a new lease of life through the differentiated use of materials to set them off.

As an architectural artist and visionary, for Heinz Tesar the adaptation of this building, protected as a memorial, to the demands of a modern museum as well as the connection of the Bode-Museum with the archaeological promenade, that is, the planned underground passage intended to effectively connect the row of four museums of older art on the Museumsinsel and thereby allow visitors to easily tour all four, creating a kind of German Louvre.

Ihne's buidling had no lifts, either for people or for heavy loads, and was only sparingly equipped with sanitary facilities and with stairs to allow rapid transverse passage through the building, other than the grand staircases. For this reason, Tesar wished to install stairwells and lift shafts in the two cramped lavatories off the domed hall. These would take visitors directly from the entrance foyer to the upper storey and thereby to the two outer sections of the building which could otherwise only be reached indirectly. He would also install spacious new lavatories in the basement storey. However, this very sensible suggestion, which would have barely affected the substance of the old building, was not accepted by the authorities.

This meant that Tesar had to install the urgently needed stairwells and lift shafts in one of the two large rearward inner courts, which could have led either to an inconvenient compromise or to extensive damage to the original building. He relied entirely on the visual impact of his own architectural style, however, and introduced an elegant narrow construction, of which only the narrower side could be seen projecting from the original building into the court and which therefore did not disrupt the form of Ihne's axes. This is a memorable piece of sculptural building in its own right. One side of the entrance hall-like interior with its staircase wide enough for one person is fully glazed, thereby allowing the ascending or descending visitor a panoramic view of the Italian-style exterior of the basilica. The wall of the stairwell opposite to this bends outwards to form a concave surface, and reflects the light, creating an atmosphere which appears to expand the interior space and also, as a kind of apse, offers a lively contrast to the parallel lines of the stairs and the vertical lines of the banisters.

The new staircase does not only lead to the lavatories in the basement, but, before you reach them, to the four wonderful, quiet courts which, laid out with gravel and flagstones and connected by tunnels, await discovery by both the museum staff and the public.

Tesar's greatest departure from Ihne's style involved that part of the underground archaeological museum promenade entrusted to him. In creating the last section of this passage, all he really had to do was to create an accessible connecting tunnel leading from the basement of the Pergamonmuseum under the raised railway track to the basement storey of the Bode-Museum. However, he decided on a dynamic piece of spatial engineering which even in its basic outlines might well stimulate the imaginations of the museum team.

Wide but rapidly narrowing passages project wedge-like from both sides of the museum cellar towards a point underneath the railway line. From this point a broad, high rectangular space rises between the steel supporting girders of the bridge structure to a point underneath the four rail tracks. Its wall slant upwards and outwards. The passage receives plenty of daylight through the part of the slanting glass walls which is above ground. It also picks up the sounds of the passing trains and transmits them into the austere stereometry of the sunken spaces and the artfully celebrated world of art through history existing within this itinerary of museums, in which these unexpected messengers from above achieve an enormously enlivening contrast.

After diagonally traversing the railway line from below, the visitors, travelling along the archaeological promenade from the direction of the Pergamonmuseum, enter the Bode-Museum through a rear entrance – and at its deepest point, two storeys below the domed rotunda and one storey below Ihne's basement storey. To accommodate this vault, the supporting infrastructure of the dome had to be extended downwards significantly. This demanded some extremely complex supplementary construction during the realisation. That this risky adding of a cellar to the round structure and the channelling of the visitors from the underground shaft by means of the steps and the lift upwards into the museum also created an impressive additional exhibition room can be considered a great architectural achievement.

Tesar extended the external walls of the rotunda down into the earth. He also removed two of the six supporting pillars under the cross-girders of the dome which obstructed the space. That is, he redistributed the weight of the structure and exposed the remaining four massive pillars, made of black, extremely hard facing concrete, letting them stand like cubist sculptures in this round space at the base of a shaft. He thereby created through modern means a kind of round crypt, to which the indirect light from the white external walls lends an almost magical effect.

For the visitors entering the narrow underground portal to the building from the direction of the Pergamonmuseum, the cellar space reveals itself in ceremonial grandeur. The two stone tomb figures in the middle of the round space are fittingly flanked by the black bulk of the two rearmost pillars. Centrally above the two recumbent medieval figures, the flight of stairs climbs upward

Rundbaus aber zwei beseitigt, die Gewichte also im Rundbau neu verteilt und die vier verbliebenen mächtigen Pfeiler aus schwarzem, extrem hartem Sichtbeton wie kubische Skulpturen im runden Schachtraum freigestellt und so mit modernen Mitteln eine Art Rundkrypta erzeugt, die durch die indirekte Beleuchtung der weißen Außenwände eine fast magische Wirkung erhält.

Für die Besucher, die, vom Pergamonmuseum kommend, durch das schmale unteridische Portal das Haus betreten, öffnet sich der Kellerraum in zeremonieller Großartigkeit. Die beiden steinernen Grabmalfiguren in der Mitte des Rundraums werden von den schwarzen Bahnen des hinteren Pfeilerpaars würdevoll flankiert. Zentral über den beiden mittelalterlichen Liegenden aber steigt die vom höhergelegenen Sockelgeschoß aus nach oben führende Treppe als Skulptur zwischen den Pfeilern empor. Zu ihr hinauf gelangt man entweder auf der links seitlich an der Rundwand entlanggeführten Treppe – eine Erinnerung an Ihnes Rundtreppen in der Kuppelhalle – oder im rechts diskret an den Rand geschobenen gläsernen Lift.

Leider geht es auf der nächsthöheren Ebene, also im Sockelgeschoß des Ihne-Baus, nicht mehr so überzeugend erhaben zu wie unten in der Kellerrotunde. Dieses vergleichsweise niedrige Stockwerk wurde ja beim jüngsten Ausbau erstmals partiell den Ausstellungsräumen zugeschlagen. Doch die teilweise eindrucksvoll monumentalen Großskulpturen aus mittelalterlichen Kirchenräumen, die hier plaziert wurden, verlieren in der nüchternen und niedrigen Kontorarchitektur, die Ihne für diese Nebenräume vorgesehen hatte, viel von ihrer möglichen Wirkung. Tesar hätte hier gern die kleinformatigen Pretiosen der »Schatzkammer« ausgestellt, die oben in einem aus dem Rundgang ausscherenden Nebensaal ähnlich unglücklich präsentiert sind wie die Heiligen- und Christusfiguren hier unten. Vielleicht lassen sich bei der nächsten Umschichtung im Museum diese offensichtlichen Mängel beheben.

Ganz ohne architektonische Kompromisse konnte Tesar seinen Traum vom abwechslungsreichen Aufstieg aus dem Dämmer des Kellerraums in den Glanz der Kuppelrotunde allerdings auch nicht verwirklichen. Um die gewünschte, vom Innenleben des Museums unabhängige Querverbindung zwischen den beiden hinteren Höfen herzustellen, mußte er drinnen den Zugang aus dem Kellergeschoß ins Sockelgeschoß, der den vorgesehenen Gang gekreuzt hätte, absenken und eine niedrige, geschlossen verglaste Brücke als Verbindungsgang zwischen den Höfen darüber legen.

Diesen hängenden Querriegel kann niemand als harmonisch empfinden. Dennoch ist Tesar mit den versteckten Ausstellungsräumen unter dem Bahnkörper, mit der Skulpturenkrypta unter der Kuppel und dem sich zeremoniell hochschraubenden Treppenmonument ein grandioser moderner Gegenentwurf zu Ihnes breit ausladender neubarocker Empfangsarchitektur am anderen Ende gelungen. Wer sich über dieses diskret versteckte Baukunstwerk in das Museum hineinbegibt und sich am Ende des Treppenlaufs durch die im Vergleich fast klaustrophobisch engen Türen unter der Ihneschen Freitreppe in die Kuppelrotunde hineindreht, der wird die enormen Zeitsprünge, die ihm auf der Berliner Museumsinsel, aber speziell auch im Bode-Museum zugemutet werden, sehr viel intensiver erleben als der, der sich vom simulierten Barock Ihnes in eine museale Zeitlosigkeit entführen läßt.

Die Gegensätze zwischen den beiden heutigen Zugängen des Bode-Museums, zwischen dem Ihne- und dem Tesar-Portal, die einander diametral gegenüberliegen, könnten jedenfalls kaum größer sein. Auf der ehemaligen Rückseite des Hauses zelebriert Tesar das Prinzip der allmählichen Entfaltung und Öffnung mit einem schmalen und steilen Aufstieg aus dem Dämmer des Mittelalters in das Tageslicht der neubarocken Rotunde – eine räumliche Evolution, die sich wunderbar auf die im Haus ausgestellten Objekte und auf die Entwicklungsgeschichte der bildenden Künste im Abendland beziehen läßt.

Auf der anderen Seite demonstriert Ihne das Prinzip der Öffnung, der umfassenden Einladung an das Publikum, mit einer Überschwänglichkeit, die an den aufwendigen Portal- und Treppenbaukunstwerken der benachbarten Museumsbauten von Schinkel und Stüler Maß nimmt. Nicht weniger als sieben Rundbogentore öffnen sich aus der Eingangshalle hinaus auf die Monbijoubrücke. Immerhin noch drei mächtige Portale führen dann drinnen hinein in die Kuppelhalle, die in ihren Dimensionen alle Empfangsräume vergleichbarer Museen übertrifft, dabei aber fast ausschließlich der Selbstdarstellung der Besucher dient. Wer sich auf einem der pompösen Treppenläufe seitlich in den Halbkreis-Apsiden allseits sichtbar nach oben auf die Empore begibt, der wird zum temporären Exponat in einem ansonsten sich selber feiernden, die Schätze des Museums konsequent ausblendenden Kultraum.

Ihnes Vision eines der Öffentlichkeit gewidmeten Empfangs- und Festfoyers an der Spitze des Gebäudes wird von Tesar nicht korrigiert, sondern logisch zu Ende gedacht: Dort oben auf der Empore und in dem anschließenden halbkreisförmigen Raum an der Spitze des Gebäudes über der Eingangshalle hat er das Museumscafé postiert. Die sieben zierlich verspielten Glaskuppeln, die sich über den einzelnen Jochen der gastronomischen Kurve erheben, bekommen durch Tesars moderne Kaffeehausbestuhlung eine jugendstilige Leichtigkeit, die sich angenehm absetzt von den pseudobarocken Raum- und Inszenierungsvorstellungen, denen Ihne hier gehuldigt hat.

Der Wiener Tesar denkt also da, wo es sich lohnt und wo es noch heute museologisch sinnvoll erscheint, die Gedanken des Preußen Ihne kreativ zu Ende, er nimmt aber dort, wo sich die Bedürfnisse radikal geändert haben, mit heutigen Mitteln die fälligen Korrekturen vor. So ist auf der Berliner Kulturinsel ein jahrzehntelang nur mäßig geschätzter, weil stilistisch wie konzeptionell aus der Zeit gefallener Museumsbau als ein zeitgemäß lebendiges Gehäuse für die wiedervereinigten Sammlungen der nachantiken Bildkunst wiedererstanden. Das neue Bode-Museum kann den Glanz, den das alte, von Wilhelm von Bode eingerichtete Kaiser-Friedrich-Museum zu seiner Zeit entfaltet hat, erstmals mit etwas Heutigem beantworten. Der Ihne-Tesar-Bau muß sich im Verband der Schinkel-, Stüler- und Messel-Bauten für den Ehrenplatz, den er auf der Spitze der Museumsinsel einnimmt, nicht mehr entschuldigen. Ja, für die Besucherströme, die sich im Untergrund auf der Archäologischen Promenade bewegen, wird das von Heinz Tesar gestaltete Anfangs- oder Endstück, der Bode-Abschnitt, der mit Abstand architektonisch aufregendste sein.

from the upper basement, appearing between the two pillars like a sculpture. One reaches it by the steps which are laid against the wall to the left – reminiscent of Ihne's curved staircase in the domed hall – or by the glass lift discreetly tucked into the walls on the right.

Unfortunately the next storey, the basement of Ihne's building, fails to convince in terms of elegance in comparison to the rotunda cellar. This relatively shallow storey was partially assigned to the exhibition space during the most recent expansion. However, the in part very impressive large monumental sculptures originating from medieval churches which are housed here lose much of their potential impact through being situated in the context of the modest and straightforward office-style architecture which Ihne had intended as utilitarian working rooms. Tesar would have preferred to house the smaller valuables from the »treasury«, here. These are just as unfortunately presented in the side-room adjoining the gallery as the figures of Christ and the saints are in this space. Perhaps this obvious deficiency can be rectified during the next reorganisation of the museum.

Admittedly, Tesar was unable to realise his dream of a richly varied ascent from the gloom of the cellar to the radiance of the domed rotunda without a certain amount of architectural compromise. In order to satisfy the requirement for an interconnection between the two rear courtyards separate from the concourse inside the museum, he had to lower the entrance to the basement from the cellar, which would otherwise have cut across this intended passage, and lay a glass-enclosed bridge of moderate height across it as a connection between the courtyards.

No-one could describe this bridge, an oblong block hanging across the passage, as harmonious. However, with the concealed exhibition rooms under the railway, the vault with sculptures under the dome and the ascending curves of the formal staircase, Tesar has succeeded in creating an ambitious modern construction to counterbalance Ihne's expansive neo-Baroque architecture for the reception foyer. Anyone entering the museum through this discreetly hidden construction and then coming to the end of the flight of stairs and entering the small domed hall via the narrow doorways underneath Ihne's staircase, which seems almost claustrophobic by comparison, will experience the sense of time-shift which is expected of him on the Museumsinsel in general and in the Bode-Museum in particular, much more intensely than someone who allows himself to be transported into a timeless museum atmosphere by Ihne's simulation of the Baroque.

The contrasts between the two entrances to the Bode-Museum which now exist, the Ihne and the Tesar portals, which are situated diametrically opposite one another, could hardly be greater. In what was the rear of the building, Tesar celebrates the principle of gradual opening and unfolding by means of a narrow and steep ascent out of the gloom of the Middle Ages into the daylight of the neo-Baroque rotunda – an evolution of space which connects brilliantly with the objects exhibited in the building and with the history of visual art in the western world.

Ihne, on the other hand, demonstrates the principle of openness, of the all-embracing invitation to the public, through an extravagance which takes its cue from the lavish entrance and stairway decoration of the neighbouring museums by Schinkel and Stüler. In the entrance hall, no less than seven round arched doorways open onto the Monbijoubrücke, following which three massive portals lead into the large domed hall, whose dimensions surpass those of any other comparable museum, but which for the most part contributes to the visitor's awareness of themselves. Anyone who makes his way up one of the grandiose staircases, set into semicircular apses and visible from all sides, to the upper level becomes a temporary exhibit in a self-celebrating space, which entirely excludes the treasures of the museum.

Ihne's vision of a grand reception foyer dedicated to the public at the foremost end of the building was not corrected by Tesar, but instead carried to its logical conclusion. On the upper level and in the connected semicircular space at the end of the building, above the entrance hall is where he has positioned the museum's cafeteria. Tesar's up-to-date café-style lighting gives the seven light-heartedly decorated glass domes above the individual bays of this curved gastronomic space an art nouveau lightness which differs pleasingly from the pseudo-Baroque values of space and placement which Ihne paid homage to here.

So, the Viennese architect Tesar has creatively expanded on the ideas of the Prussian architect Ihne where appropriate and where it still seems logical from a museum perspective, but has also used modern methods to make the necessary corrections where requirements have changed radically. On Berlin's Museumsinsel, a museum which for decades received only moderate acclaim because it had missed its proper time, both stylistically and culturally, has been resurrected as a relevant, living setting for the reunited collection of post-Classical visual art. The new Bode-Museum has for the first time something to offer in the present to compare with the grandeur developed in its time by the old Kaiser-Friedrich-Museum erected by Wilhelm von Bode. The combined Ihne-Tesar construction no longer needs any apology as the occupant of the position of honour, at the tip of the Museumsinsel, among the group which includes the work of Schinkel, Stüler and Messel. For the floods of visitors who travel through the underground archaeological promenade, the initial or final section, the Bode section as designed by Heinz Tesar, will be by far the most architecturally interesting.

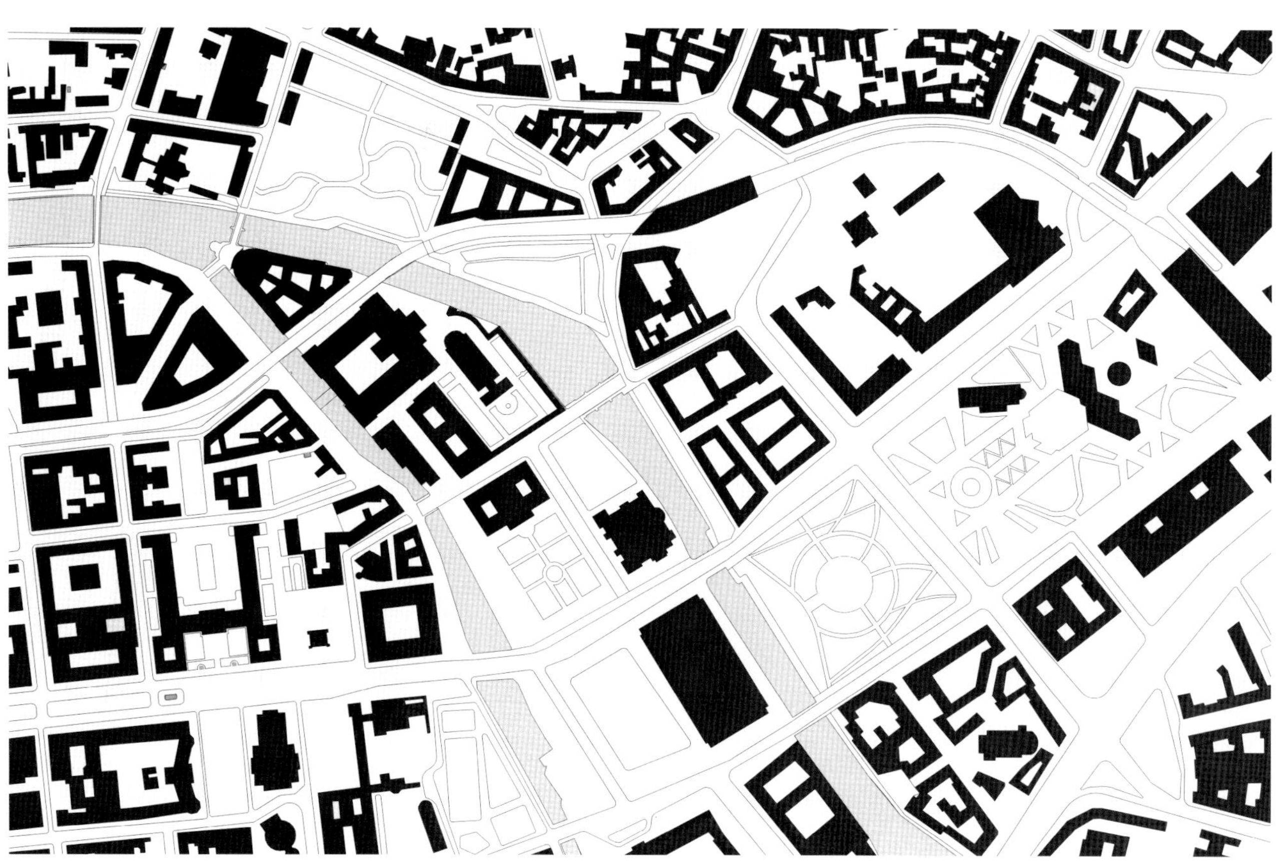

1. Bereichsplan mit den Museen und dem Berliner Dom auf der Museumsinsel. Oberhalb der Insel die Spree, unterhalb derselben der Kupfergraben.
2. Lageplan der Museen auf der Museumsinsel. Oben das Bode-Museum.
3. Luftaufnahme der Museumsinsel von Südosten. (Photo: Reinhard Görner.)

1. Area plan with the museums and the Berliner Dom on the Museumsinsel. Above the island the Spree, below it the Kupfergraben.
2. Site plan of the museums on the Museumsinsel. Top, the Bode-Museum.
3. Aerial photo of the Museumsinsel from the south-east. (Photo: Reinhard Görner.)

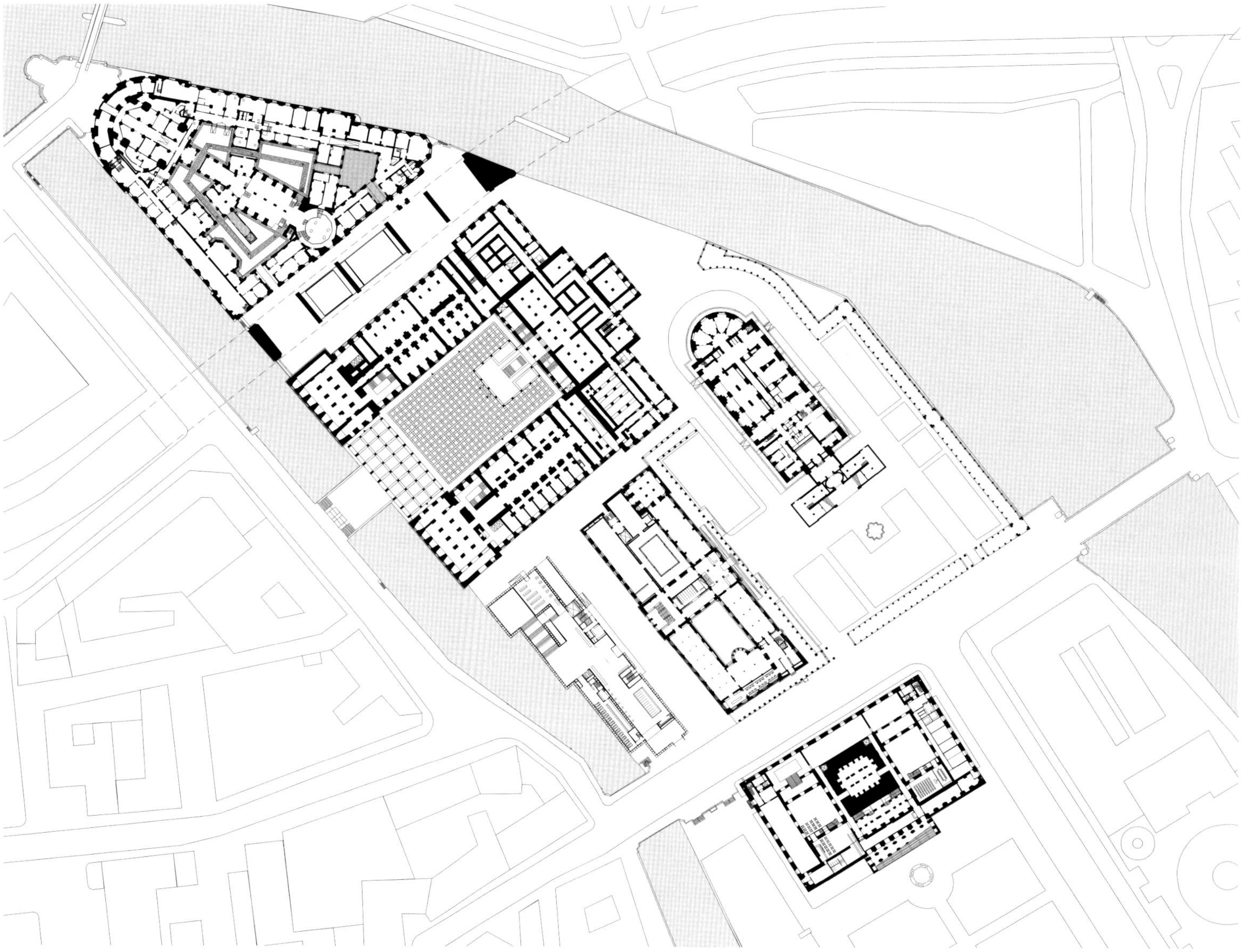

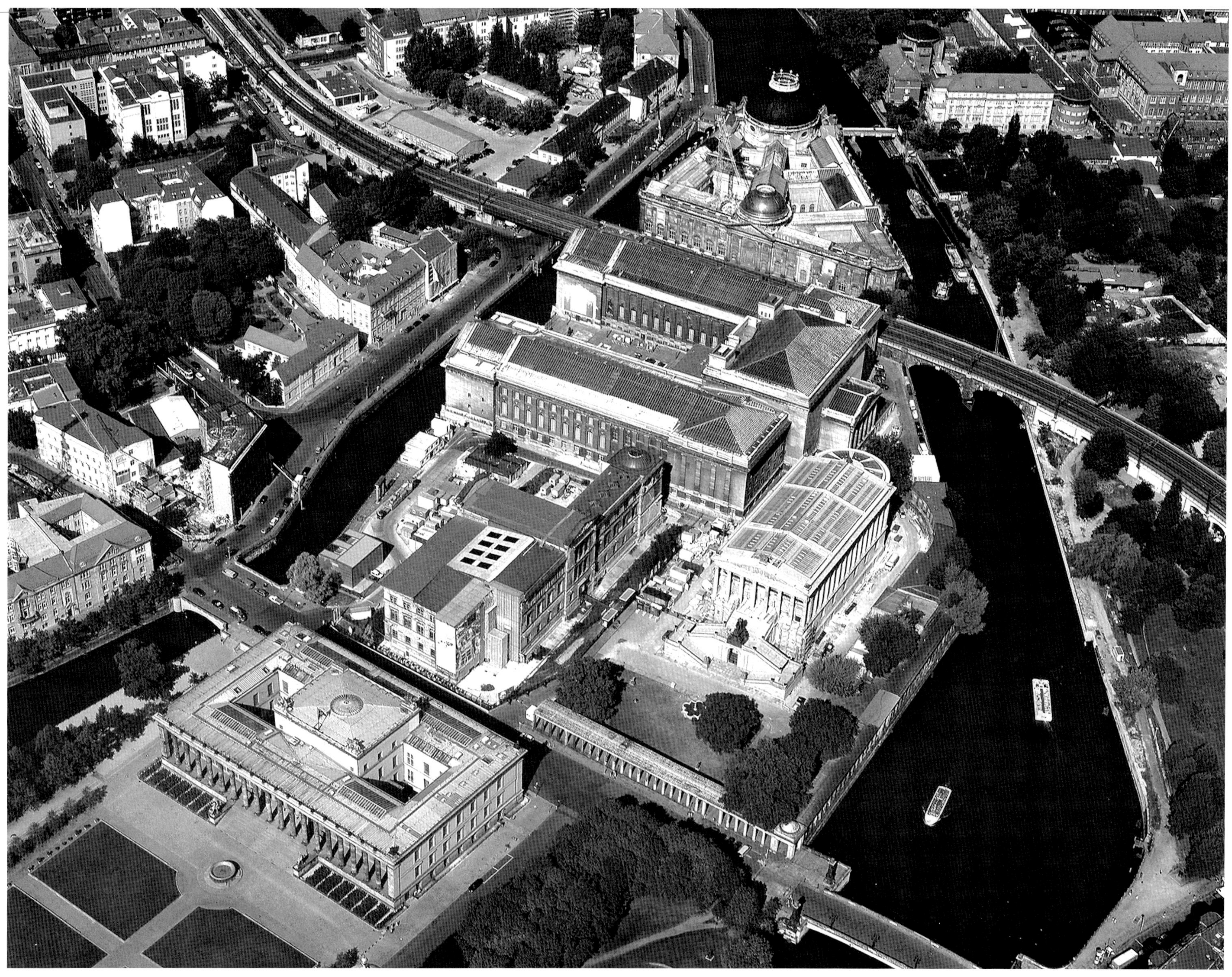

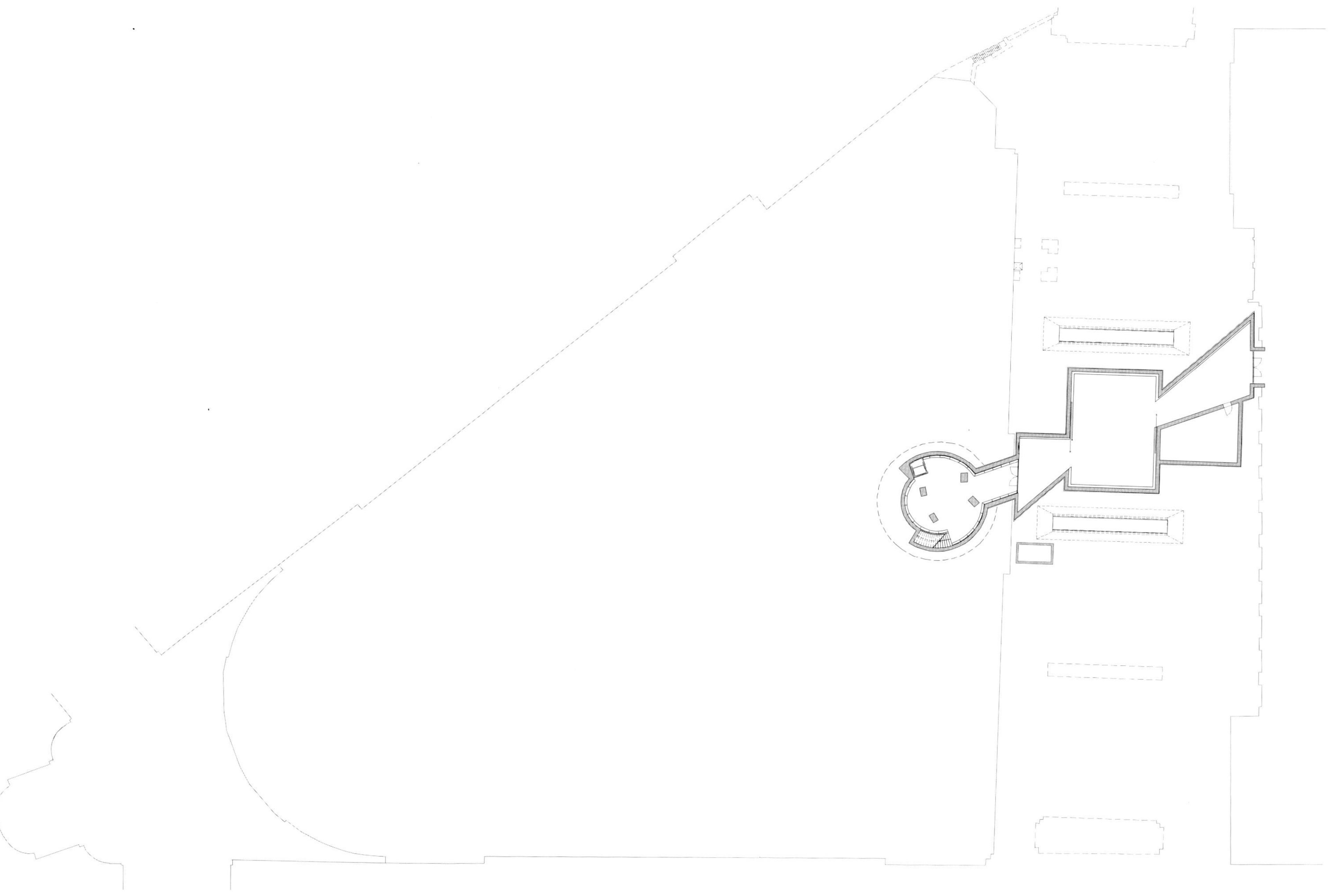

4, 5. Grundrisse (Ebenen –1, 0). Der neu geschaffene Raum unter der Kuppelrotunde auf der Südostseite dient der zukünftigen Verbindung unter der S-Bahn-Trasse hinweg zu den anderen Museen.

4, 5. Floor plans (levels –1, 0). The newly created space under the domed rotunda on the south-east side serves as a future connection to the other museums by passing under the S-Bahn line.

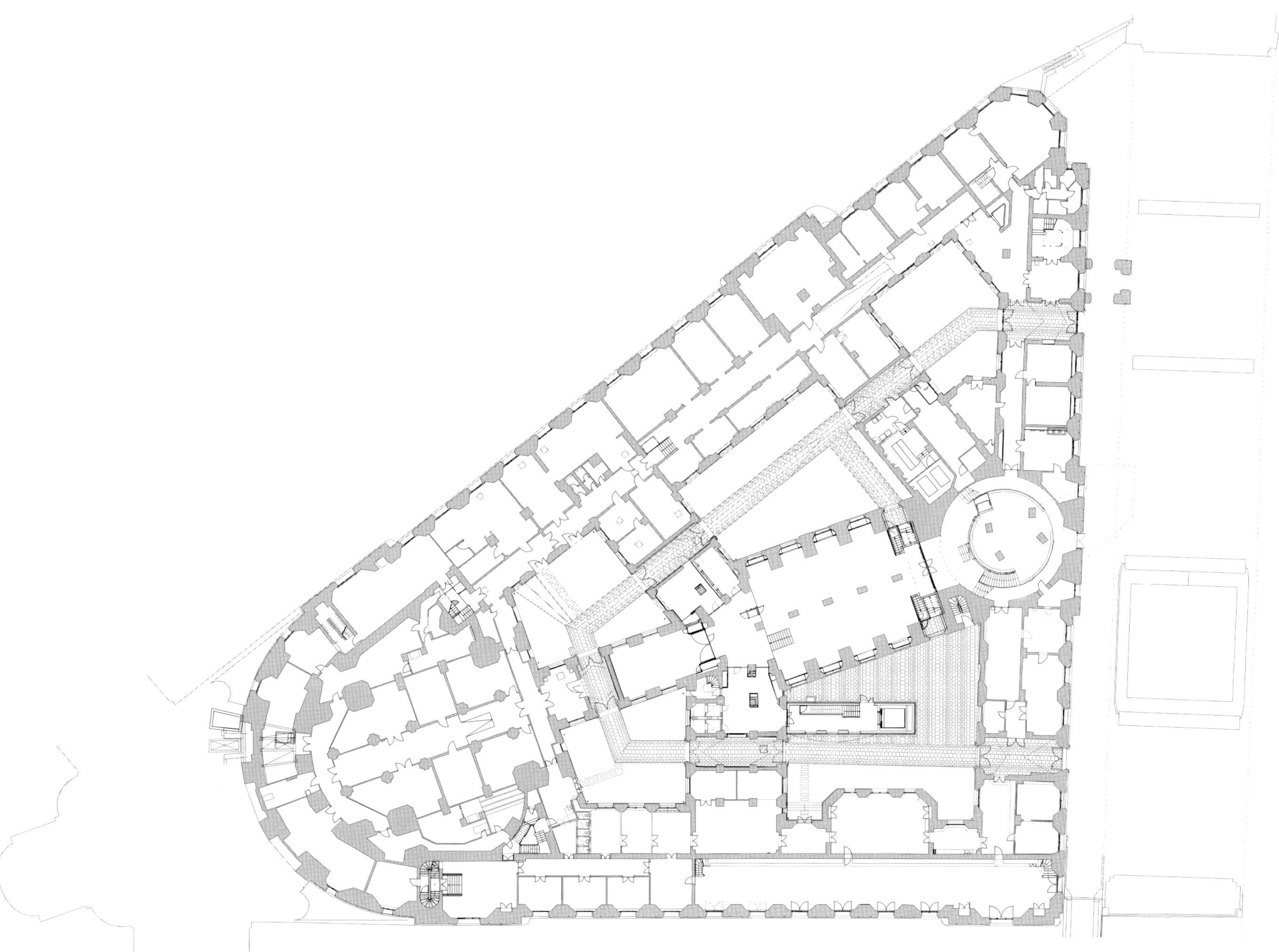

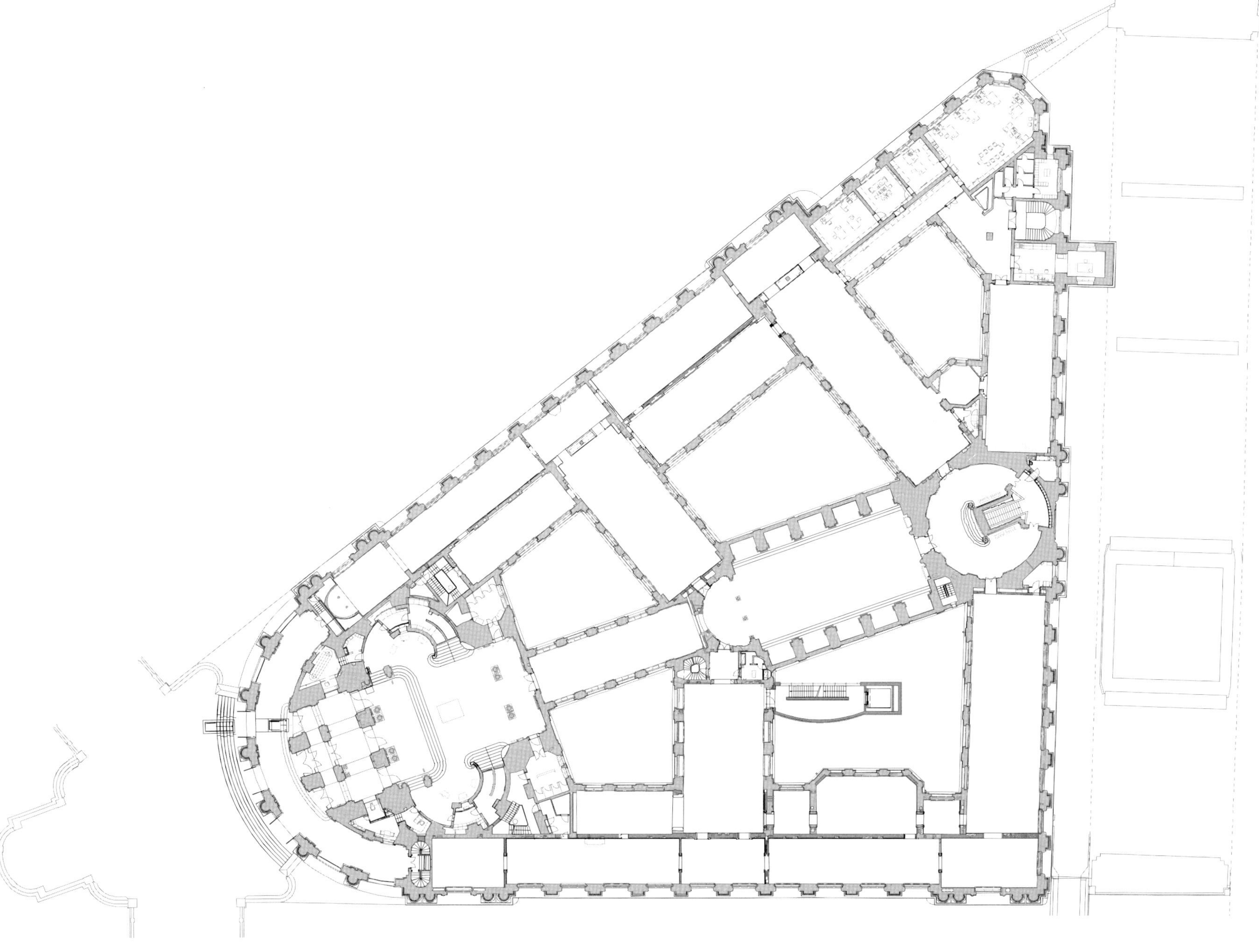

6, 7. Grundrisse (Ebenen 1, 2).

6, 7. Floor plans (levels 1, 2).

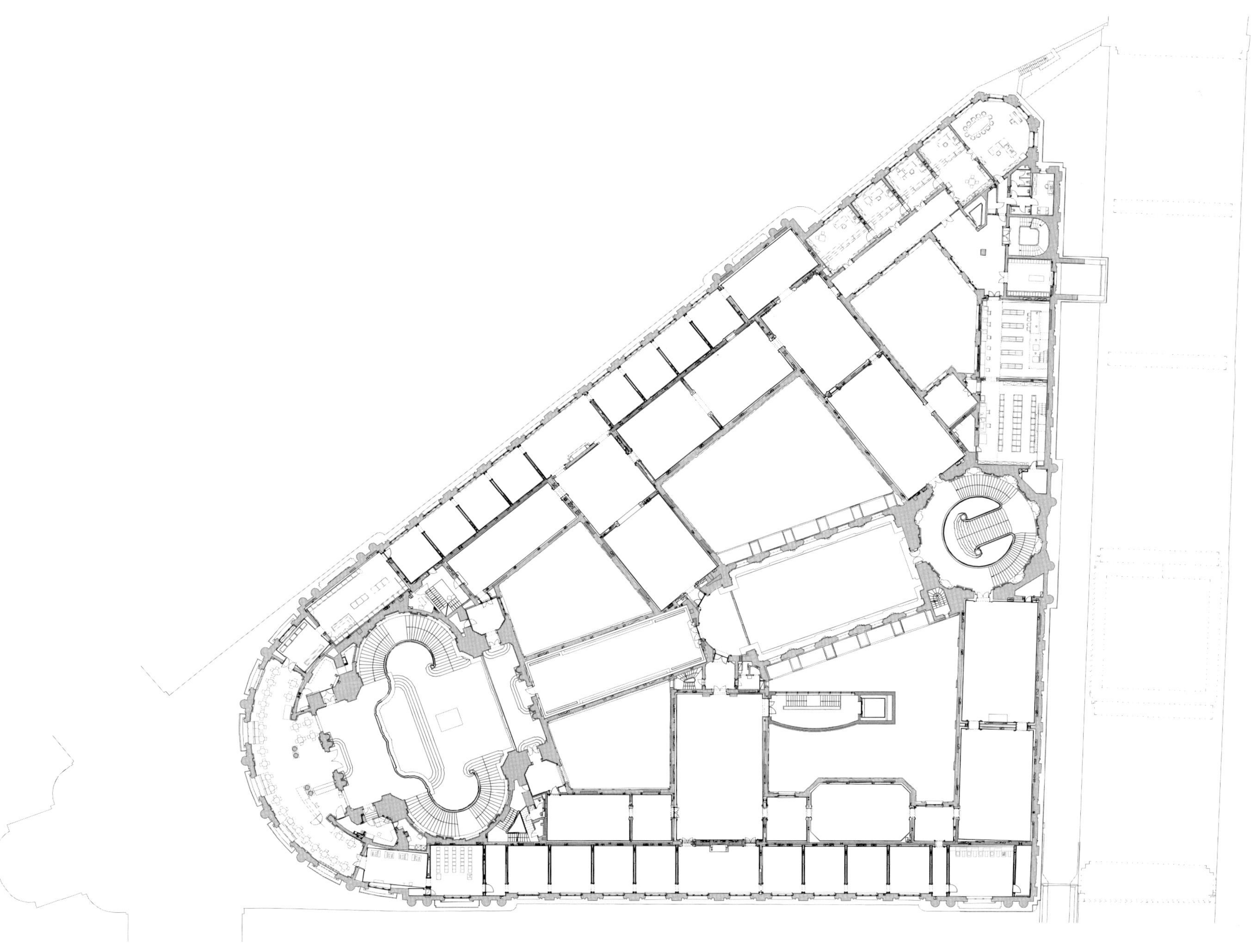

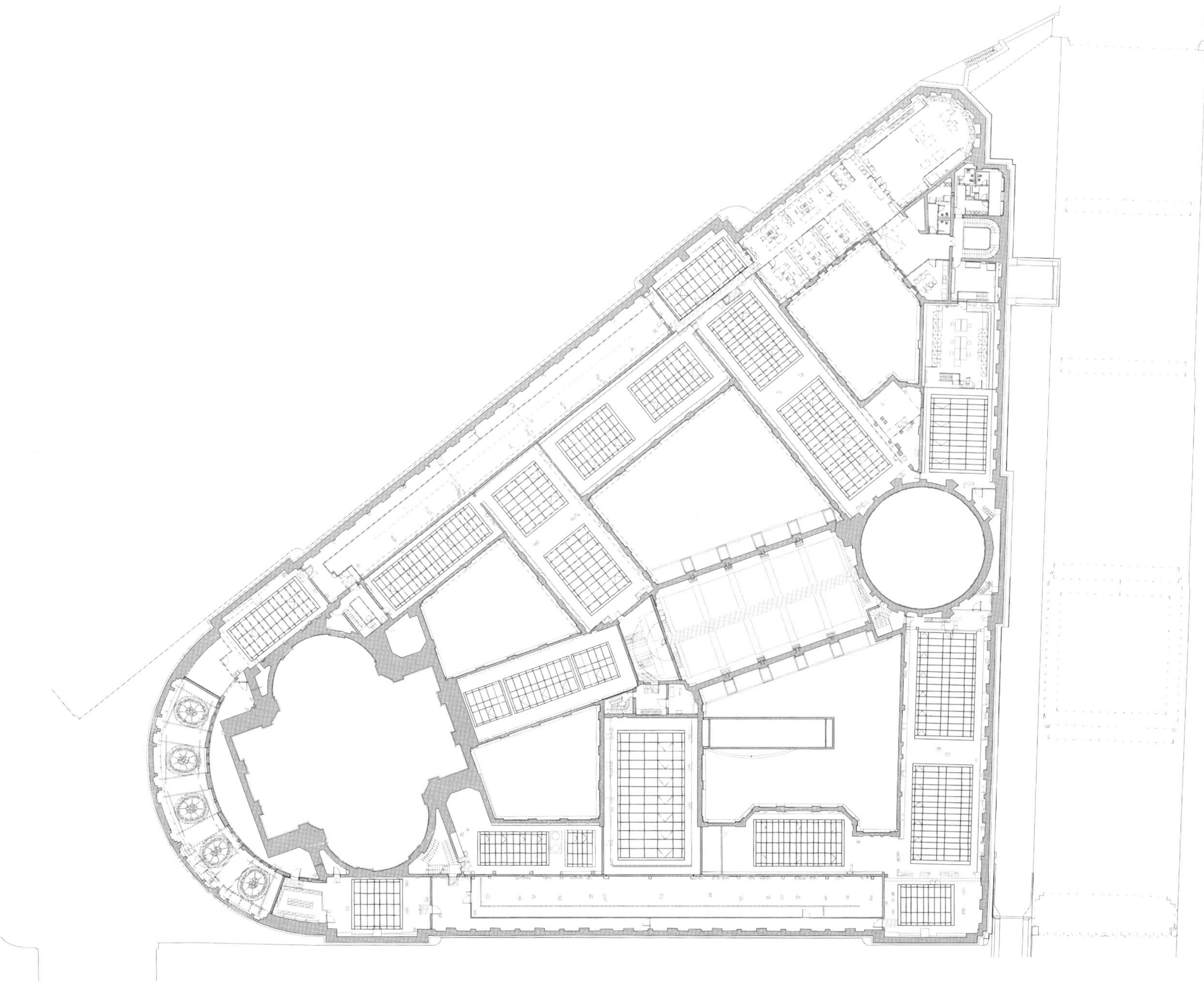

8, 9. Grundrisse (Ebene 3, Dach).

8, 9. Floor plans (level 3, roof).

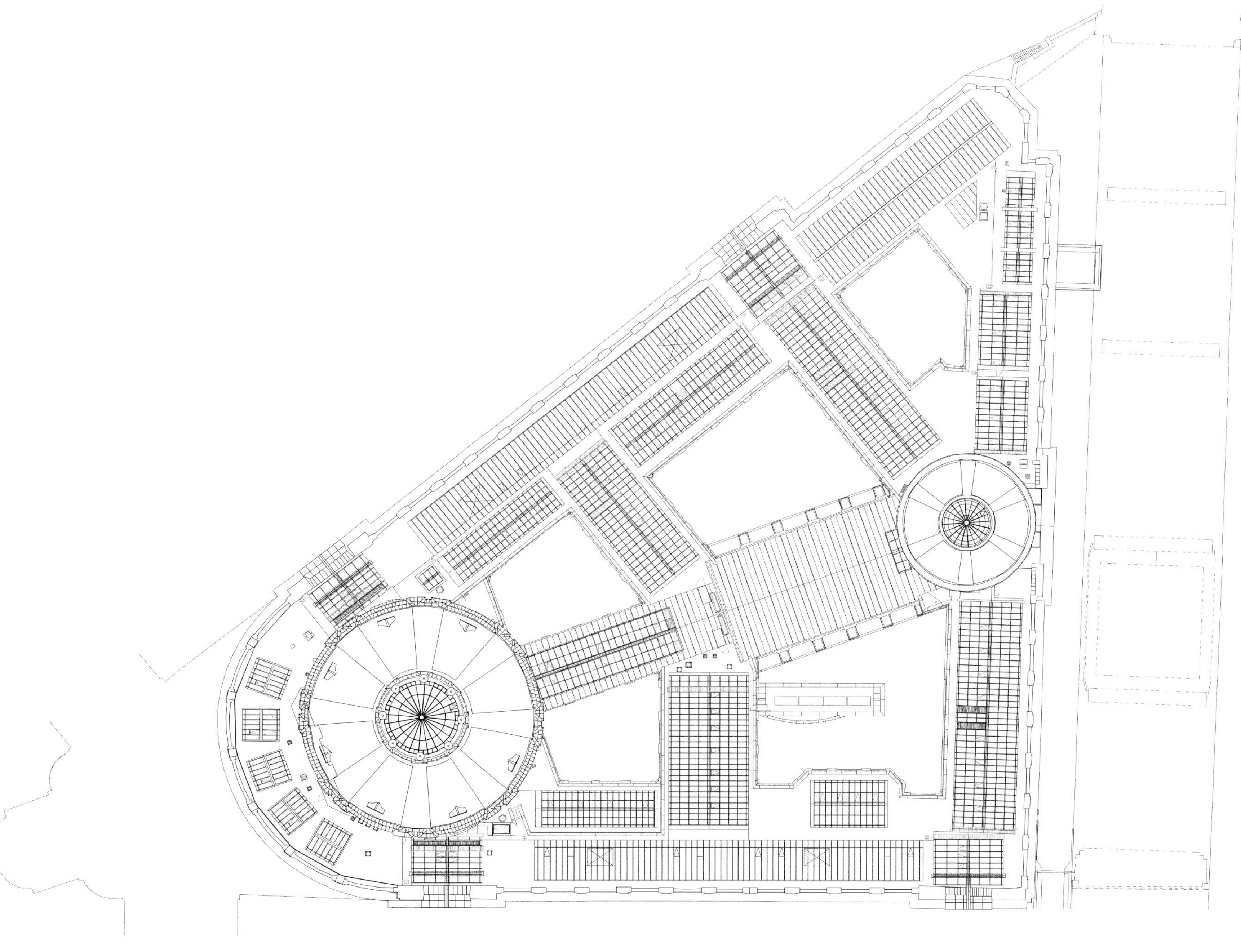

10. Detailschnitt durch die Kuppelrotunde auf der Südostseite und das zukünftige Bauwerk unter der S-Bahn, welches das Bode-Museum mit den übrigen Museen verbinden wird.
11. Pläne des neuen Erschließungsbauwerks im südlichen Hof.

10. Detailed section through the domed rotunda on the south-east side and the future building under the S-Bahn, which will connect the Bode-Museum with the other museums.
11. Plans of the new access building in the southern courtyard.

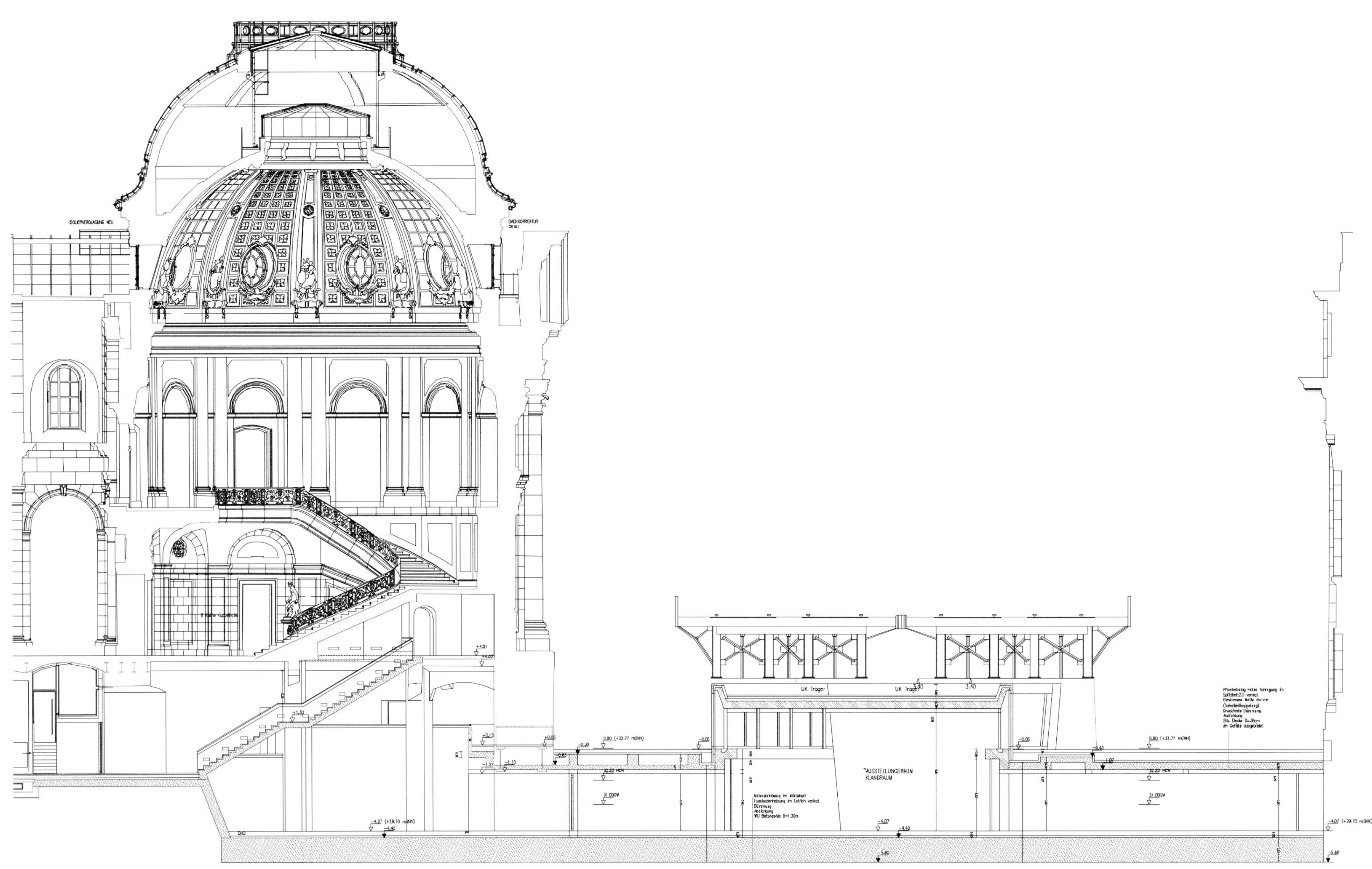

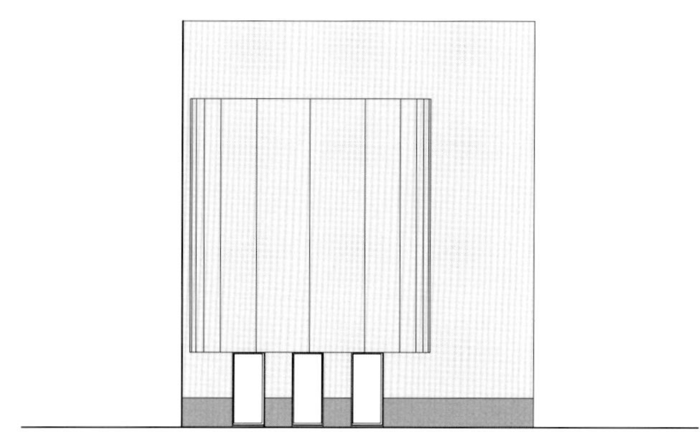

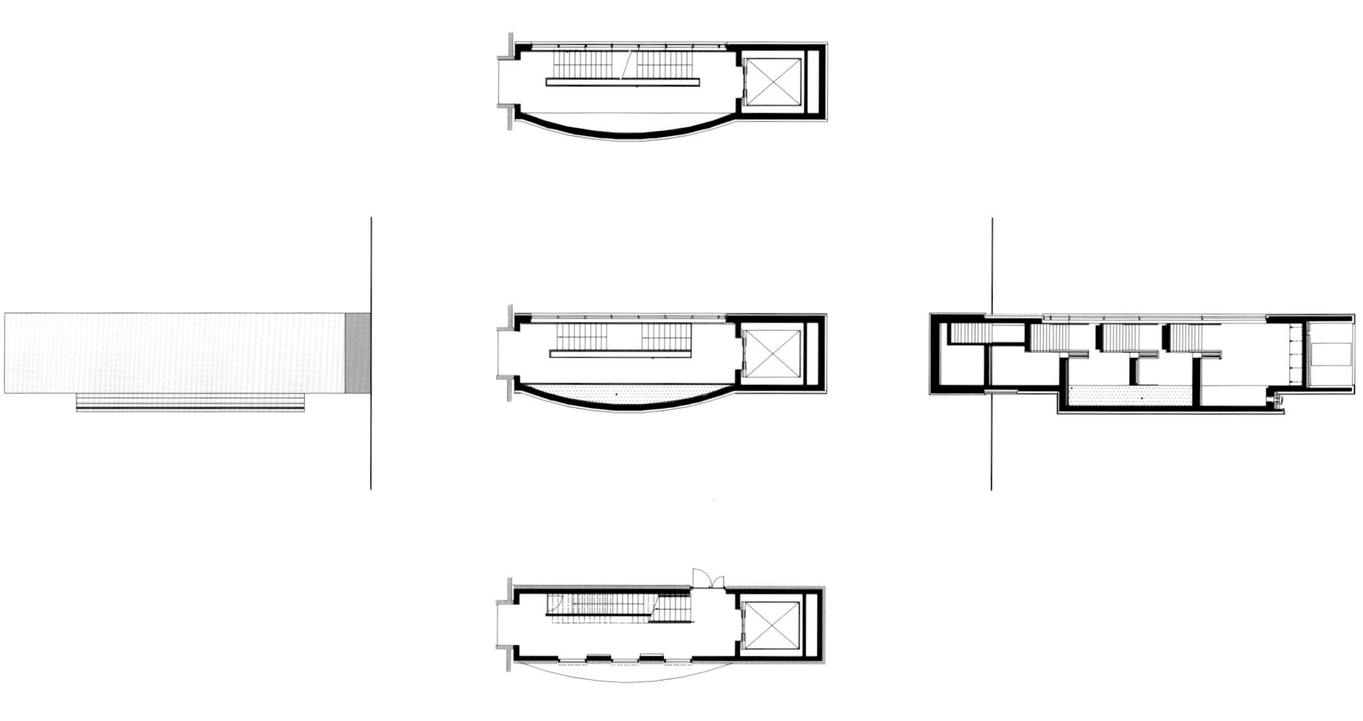

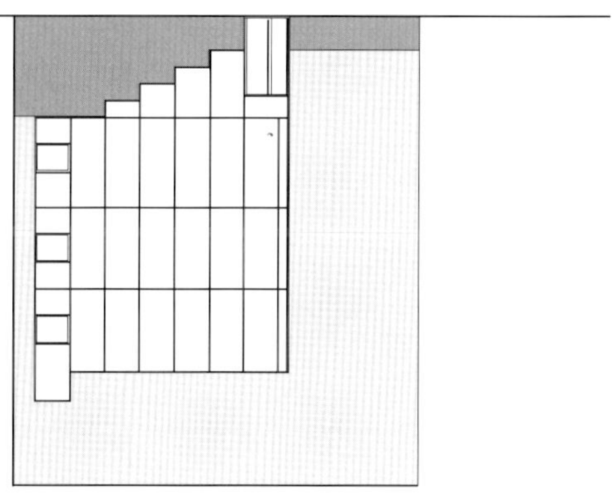

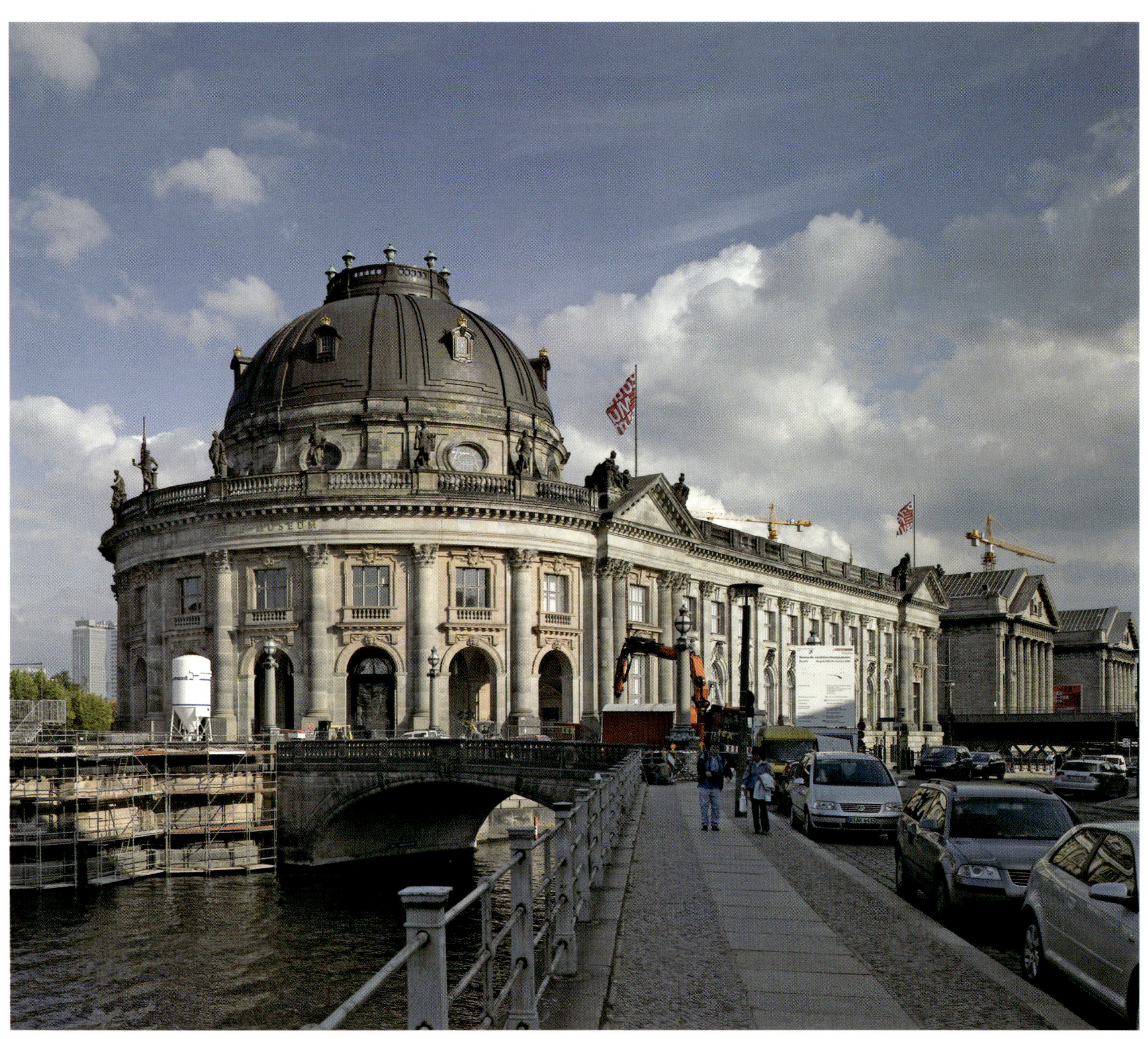

1. Ansicht des Museums von Nordwesten über die Spree hinweg.
2. Blick über die Dachlandschaft auf die große Kuppel auf der Nordwestseite. (Photo: Reinhard Görner.)
3. Blick von Süden in den mittleren Hof auf der Spreeseite. (Photo: Reinhard Görner.)

1. View of the museum from the north-west across the Spree.
2. View of the great dome on the north-west side across the roofscape. (Photo: Reinhard Görner.)
3. View of the central courtyard on the Spree side from the south. (Photo: Reinhard Görner.)

S. 28, 29
4. Blick von Südosten auf das neue Erschließungsbauwerk. (Photo: Reinhard Görner.)
5. Blick aus dem zentralen Querflügel auf der Kupfergrabenseite des Museums auf das neue Erschließunsbauwerk.

p. 28, 29
4. View of the new access building from the south-east. (Photo: Reinhard Görner.)
5. View of the new access building from the central transverse wing of the museum on the Kupfergraben side.

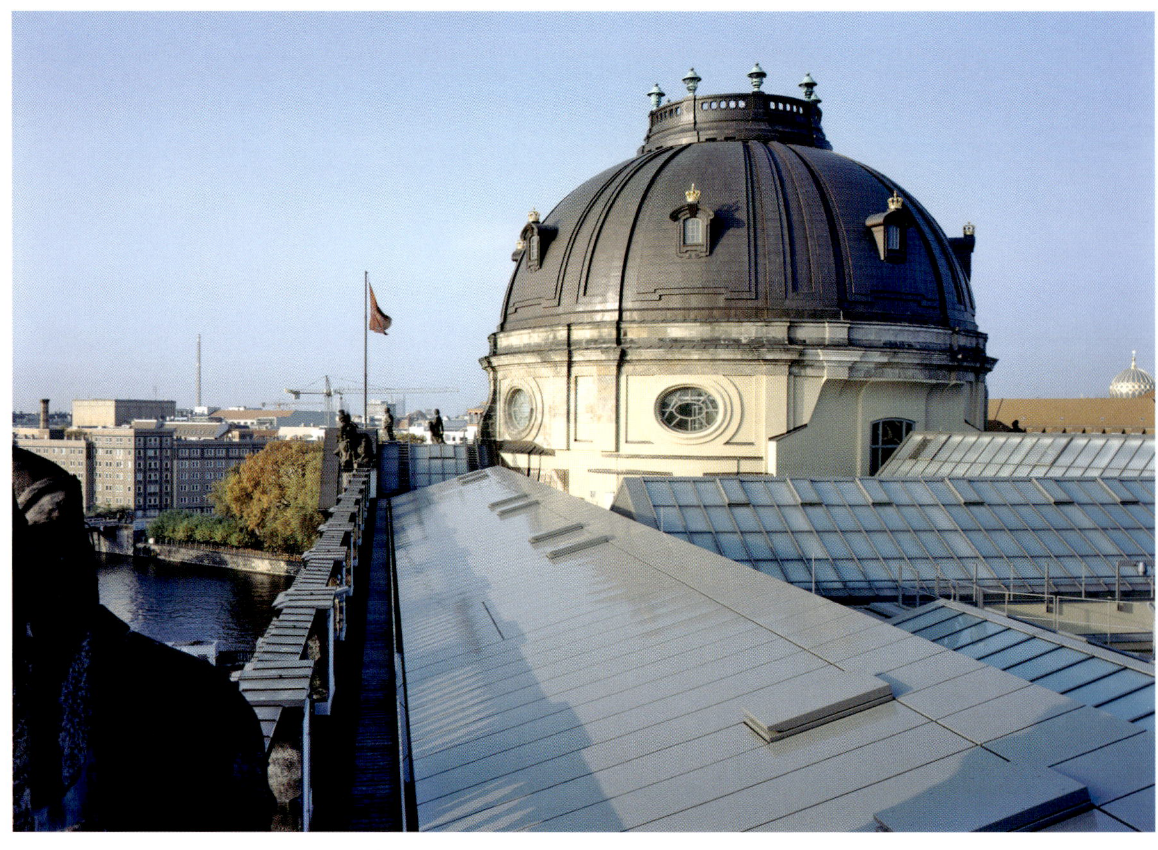

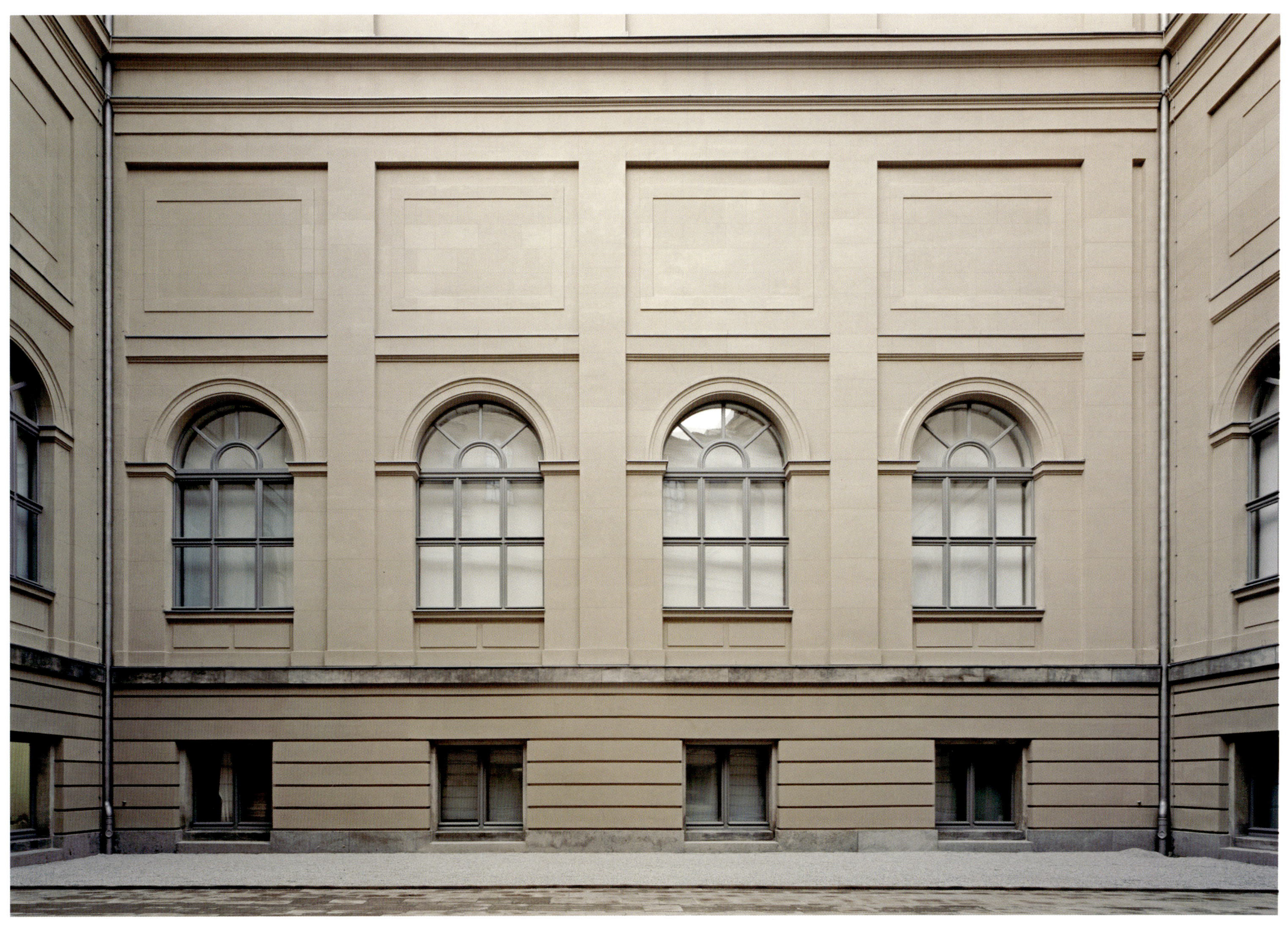

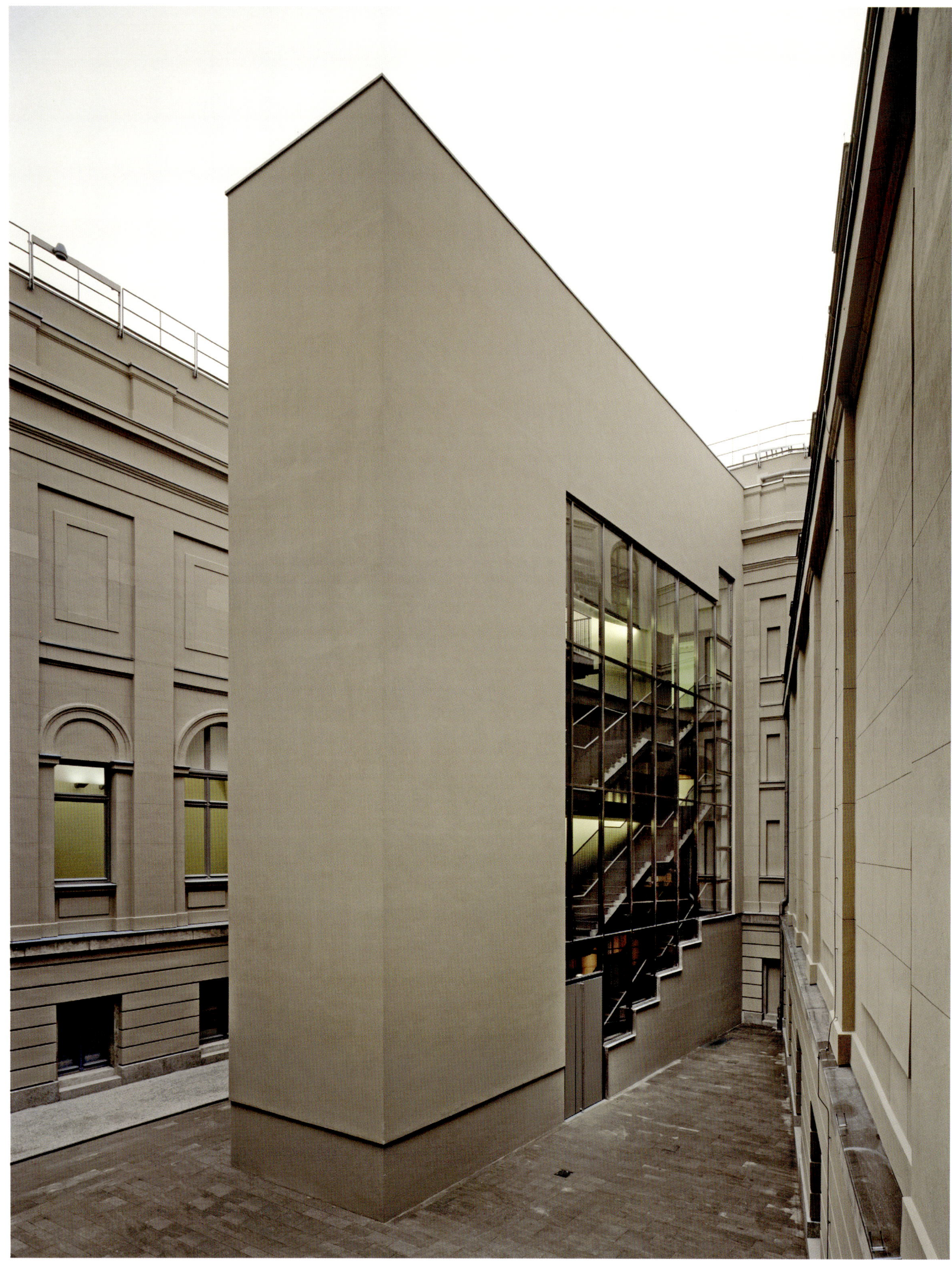

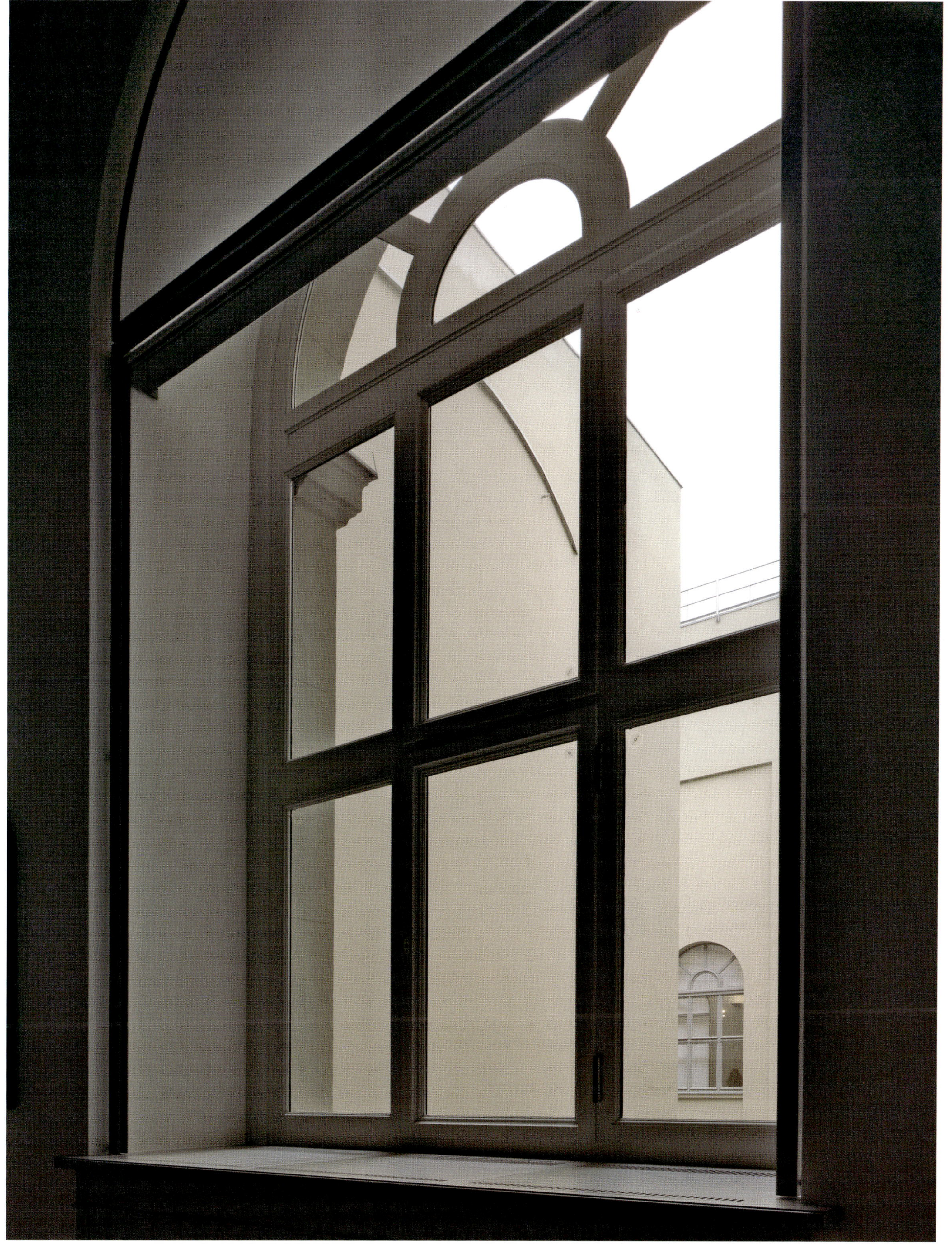

6, 7. Die Treppe im neuen Erschließungsbauwerk.

6, 7. The stairs in the new access building.

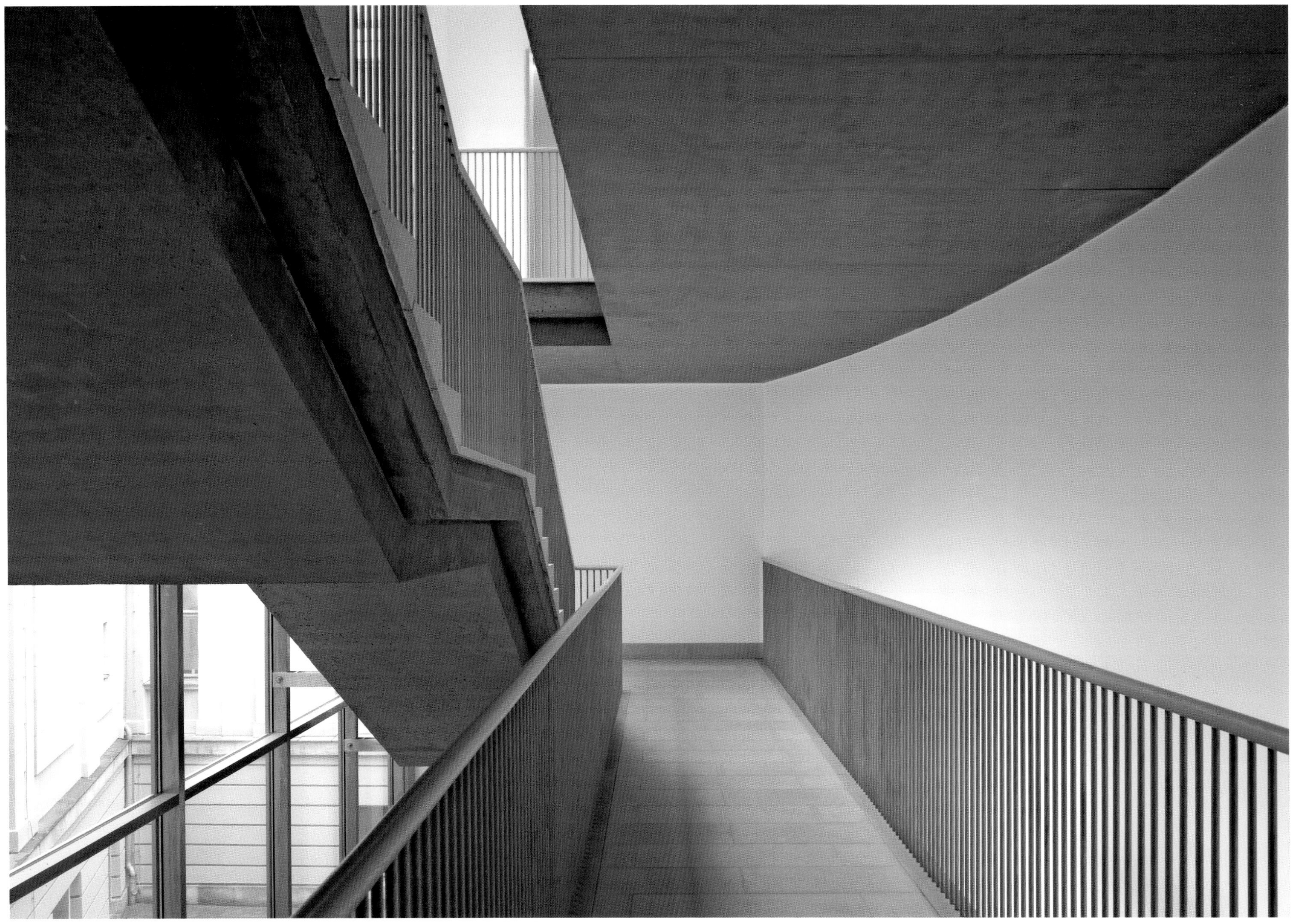

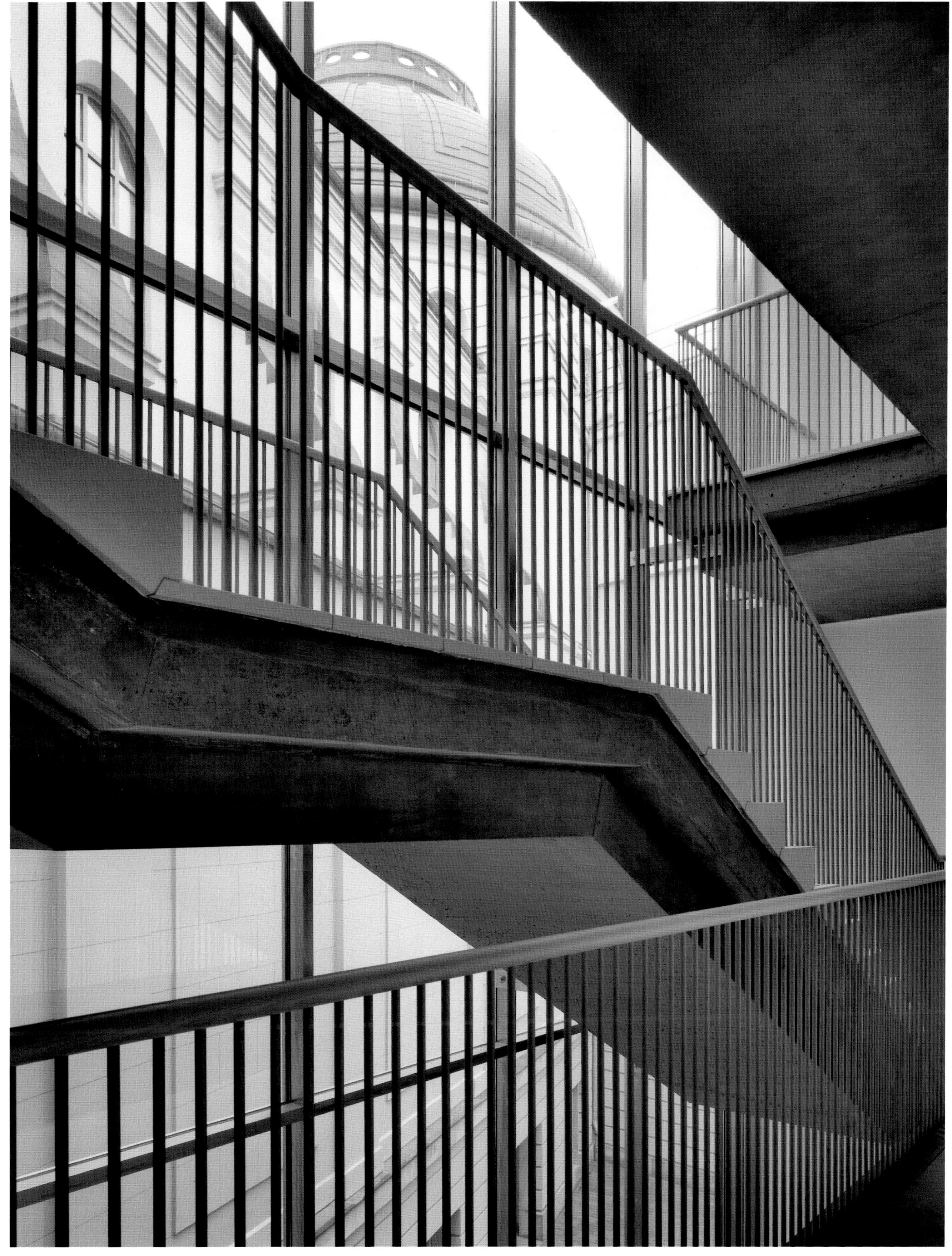

8, 9. Detailansichten des neu geschaffenen Raumes unter der Kuppelrotunde auf der Südostseite.

8, 9. Detailed views of the newly created space under the domed rotunda on the south-east side.

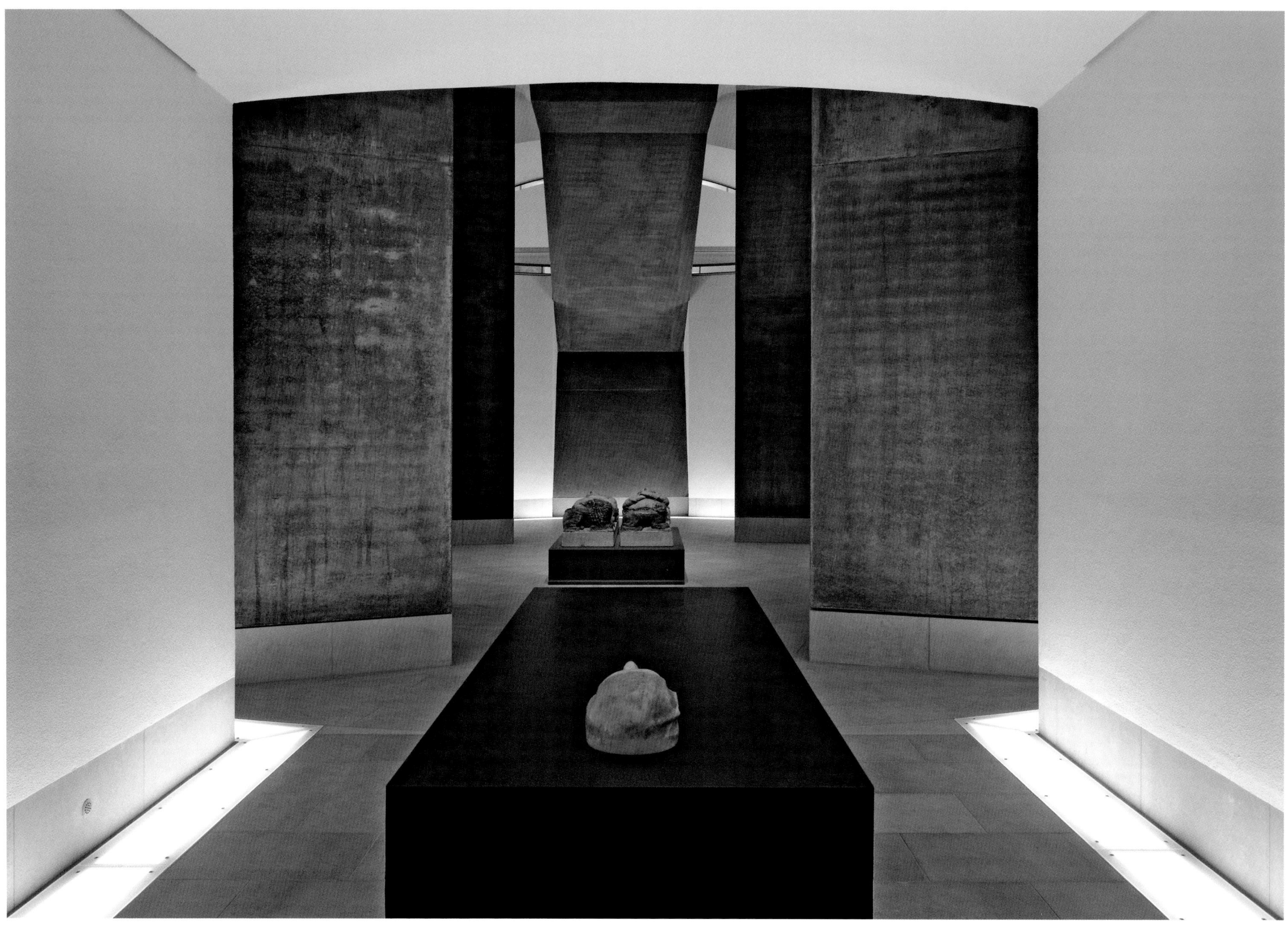

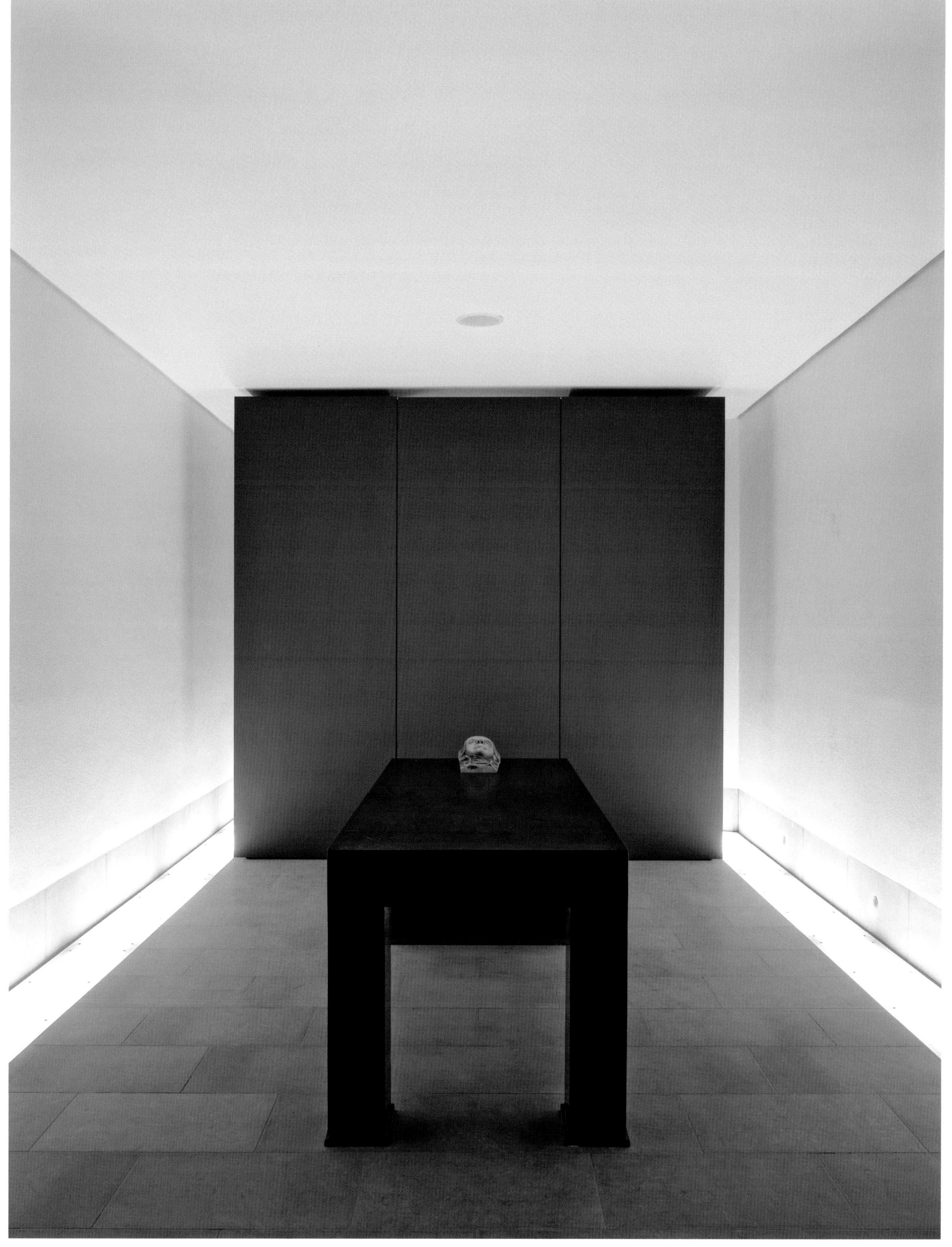

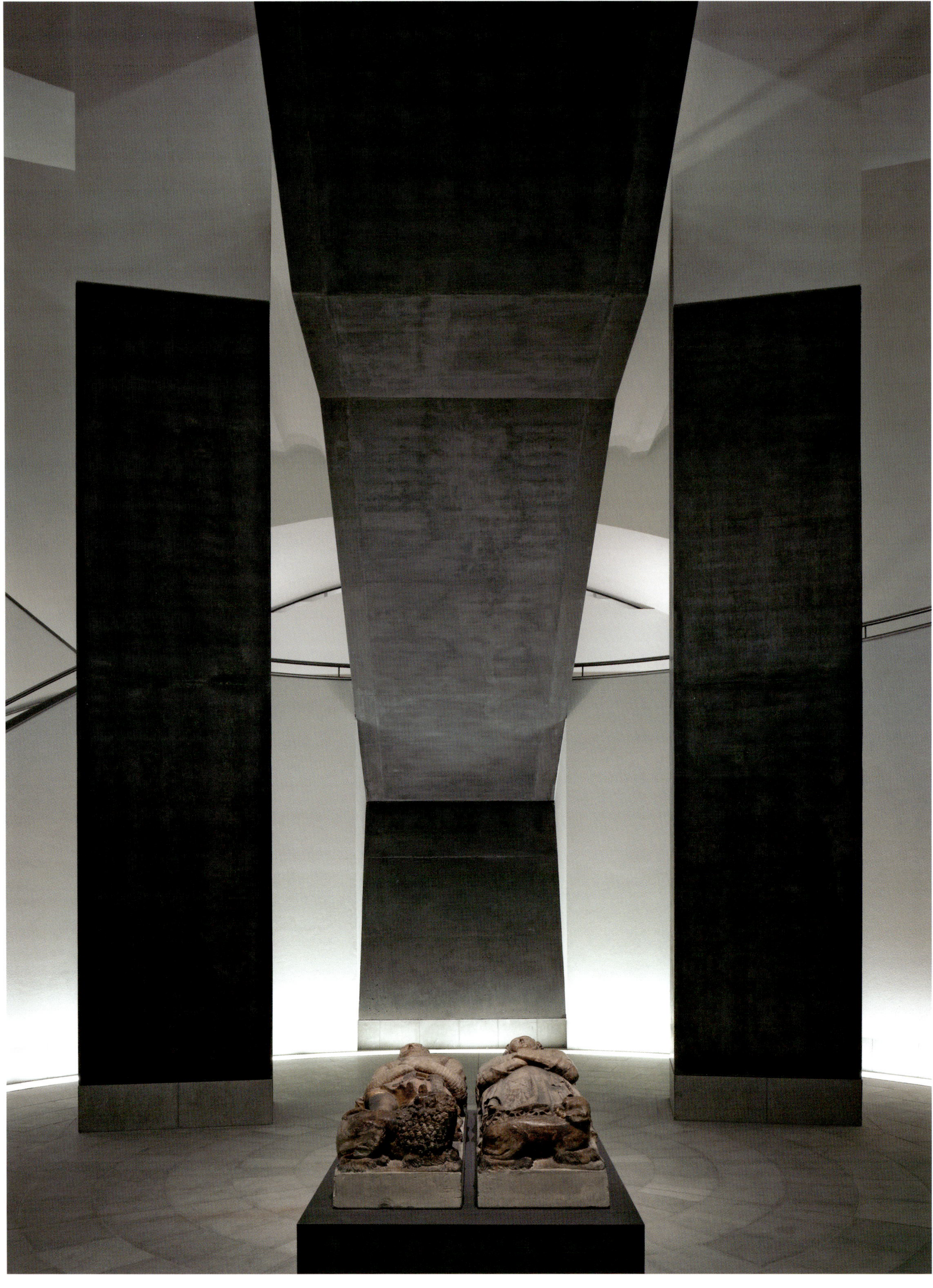

10, 11. Detailansichten des neu geschaffenen Raumes unter der Kuppelrotunde auf der Südostseite.

10, 11. Detailed views of the newly created space under the domed rotunda on the south-east side.

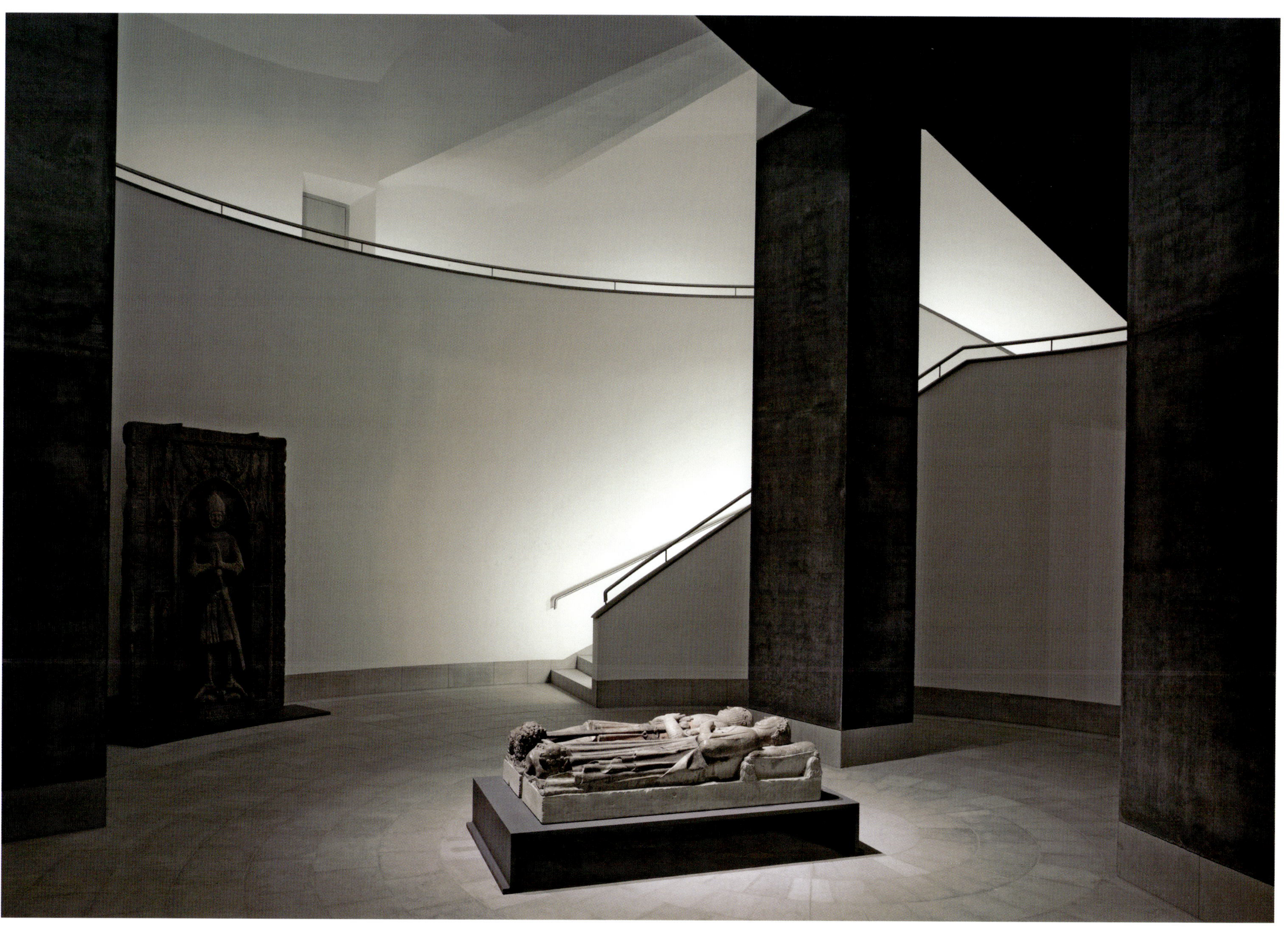

12, 13. Detailansichten des neu geschaffenen Raumes unter der Kuppelrotunde auf der Südostseite.

12, 13. Detailed views of the newly created space under the domed rotunda on the south-east side.

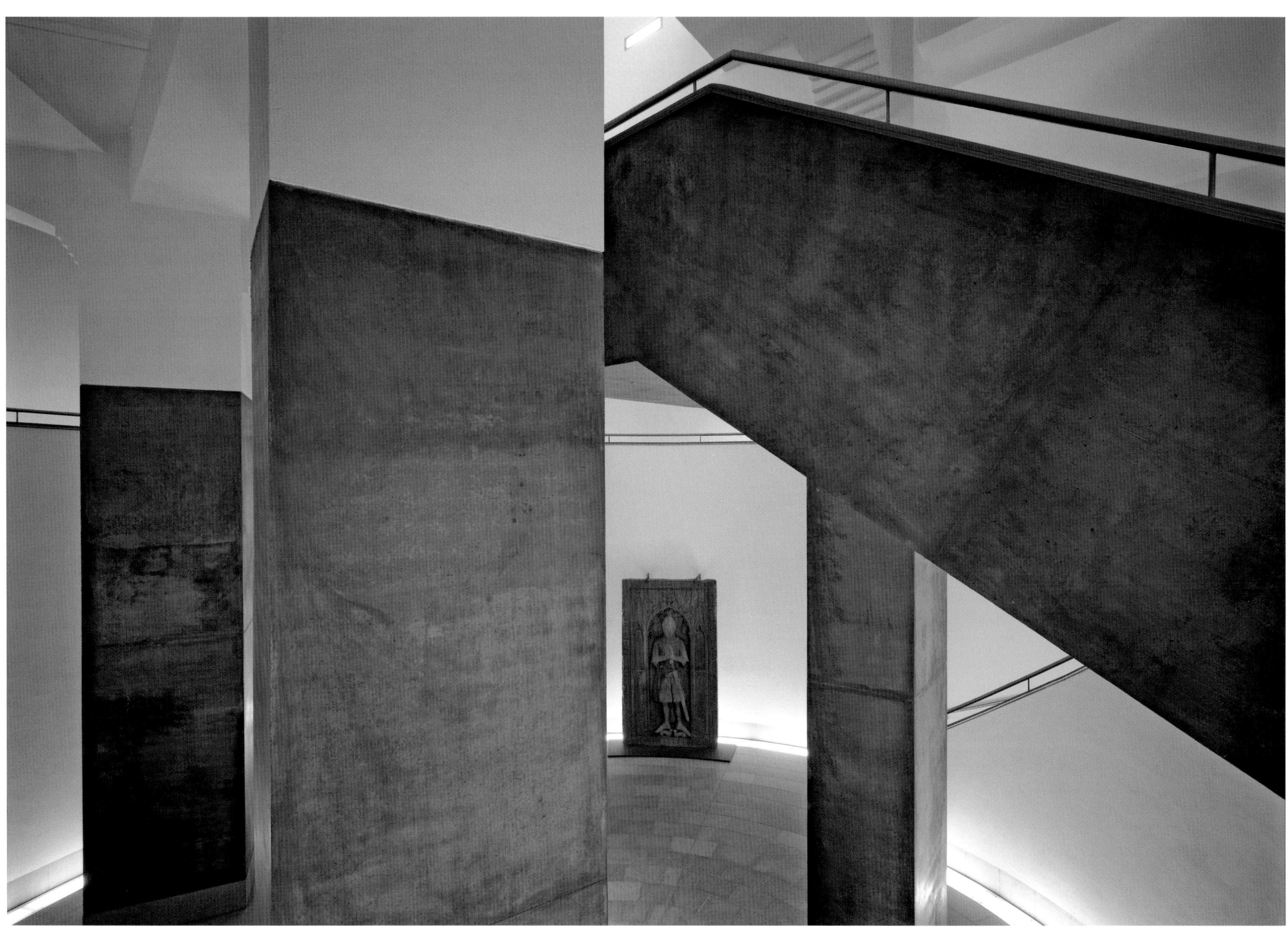

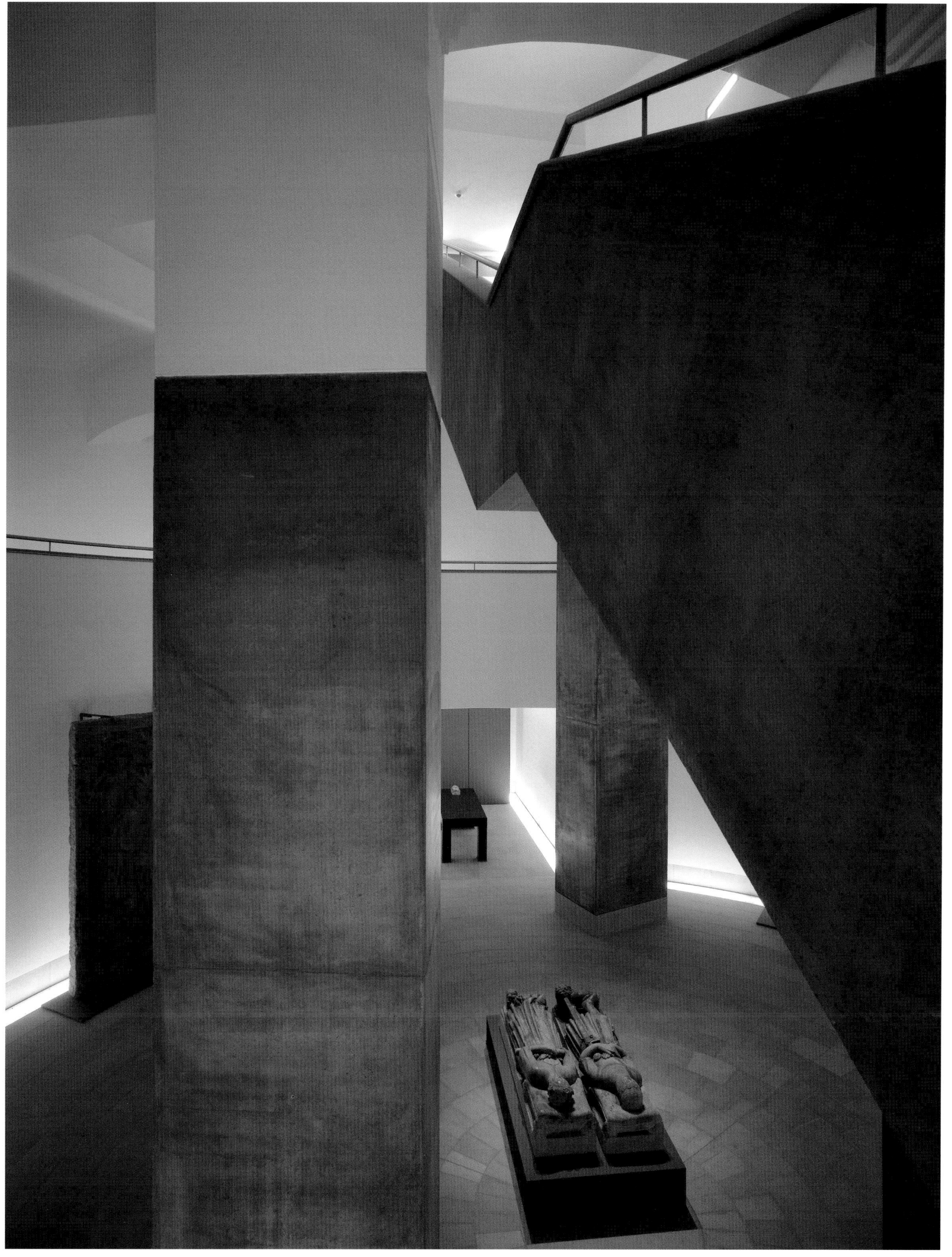

14, 15. Die neue Treppe unter der Kuppelrotunde auf der Südostseite. (Photo 16: Reinhard Görner.)

14, 15. The new stairs under the domed rotunda on the south-east side. (Photo 16: Reinhard Görner.)

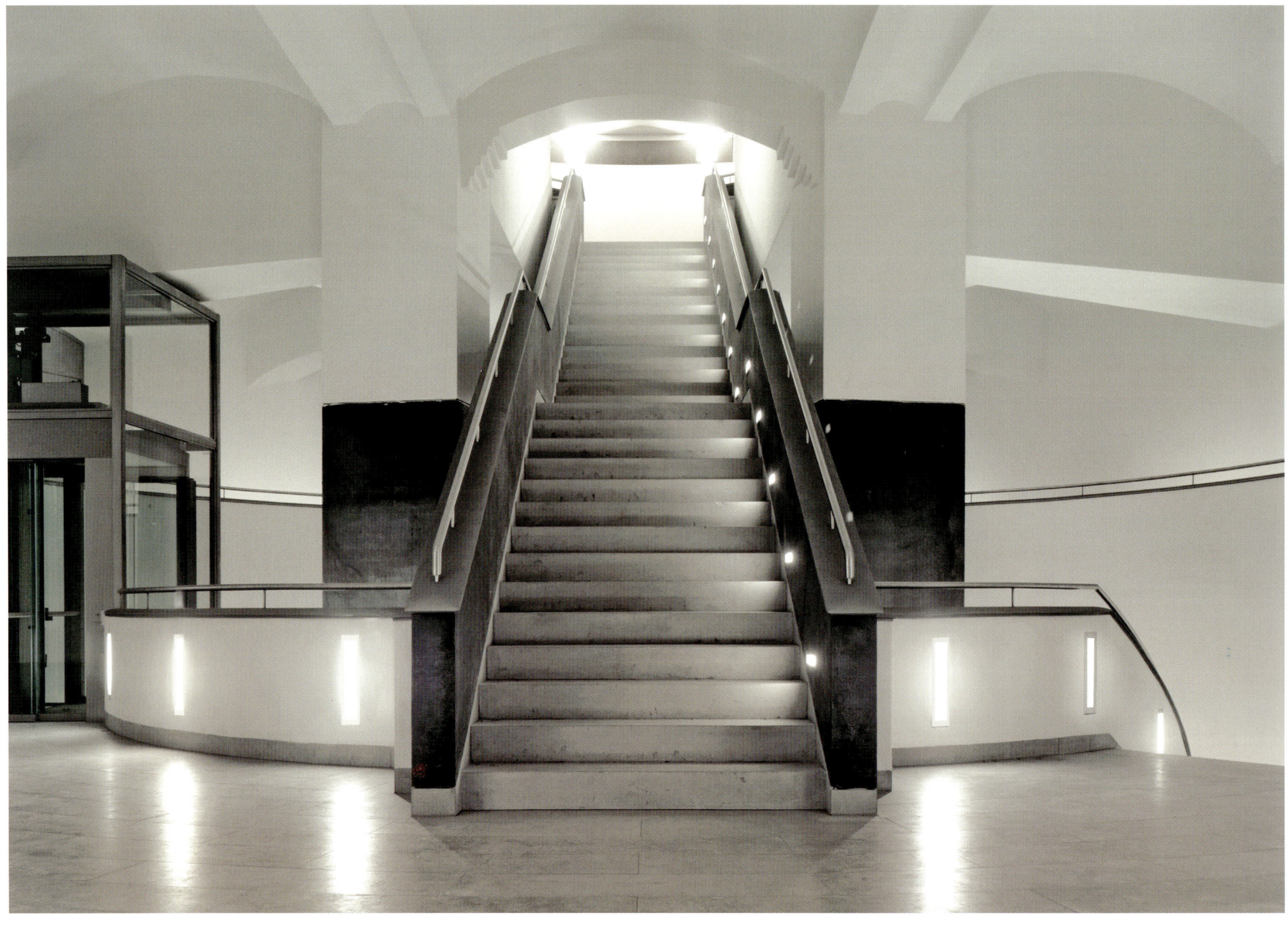

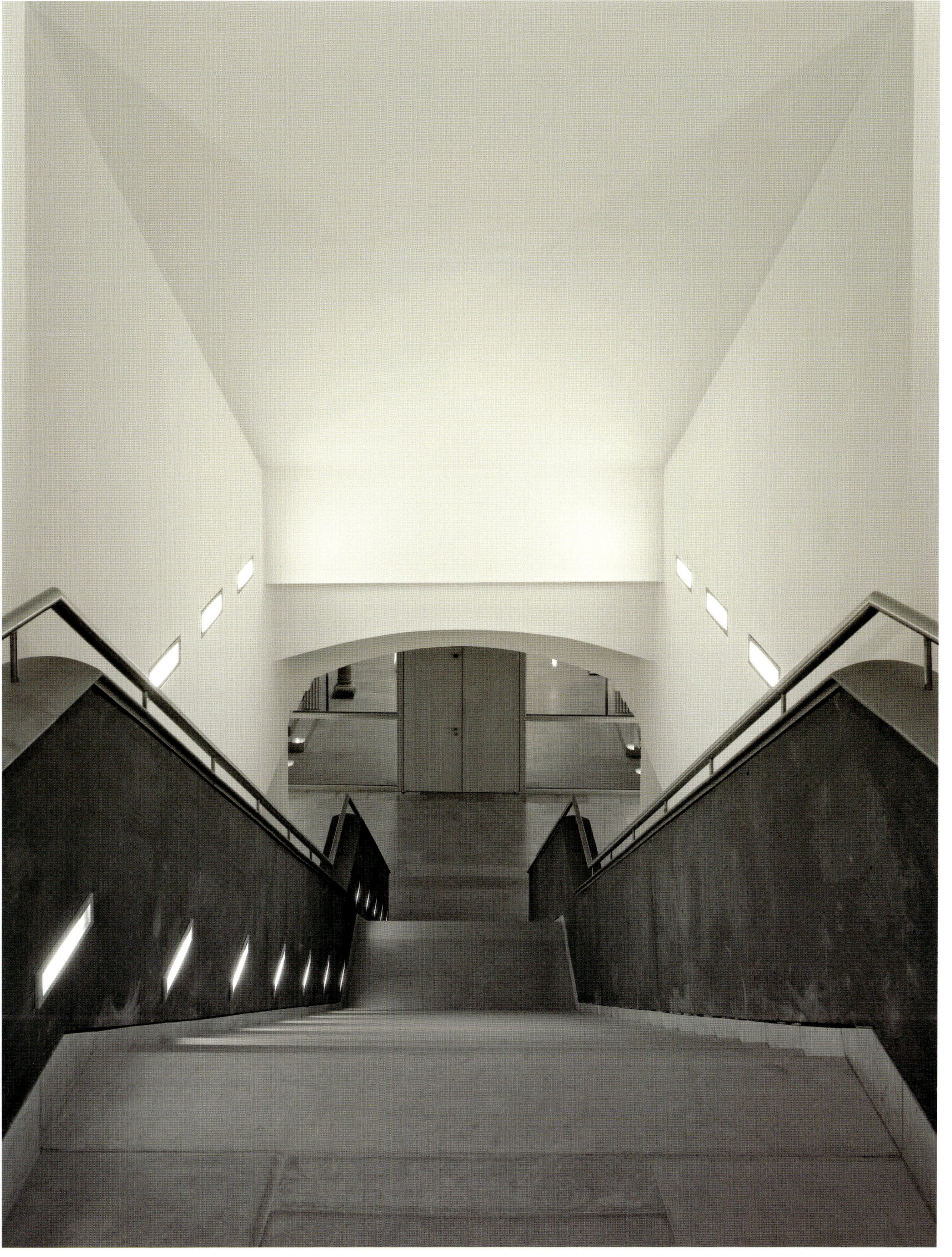

16, 17. Der von Heinz Tesar neu eingerichtete Raum unter der Basilika.

16, 17. The space under the basilica refurbished by Heinz Tesar.

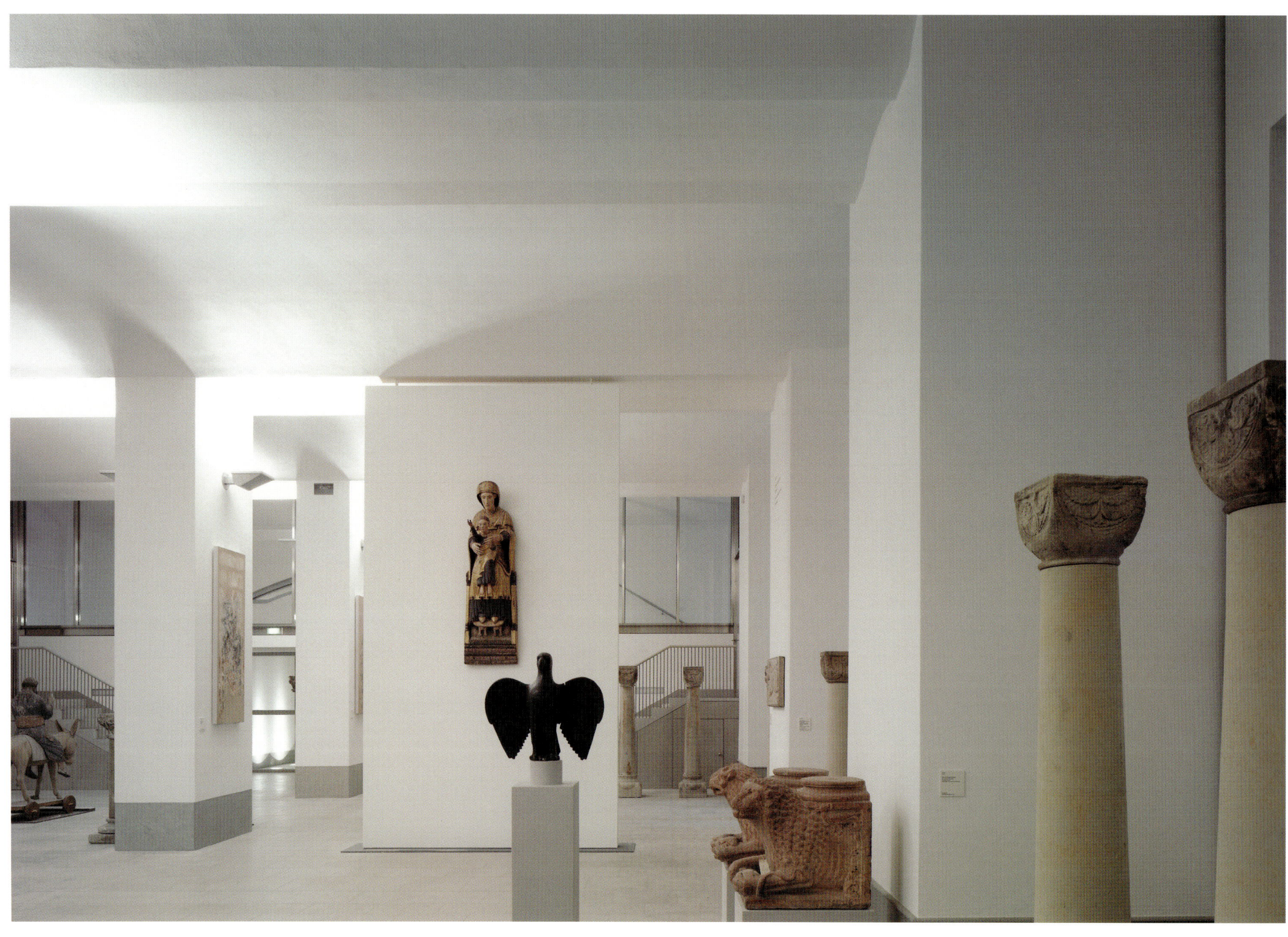

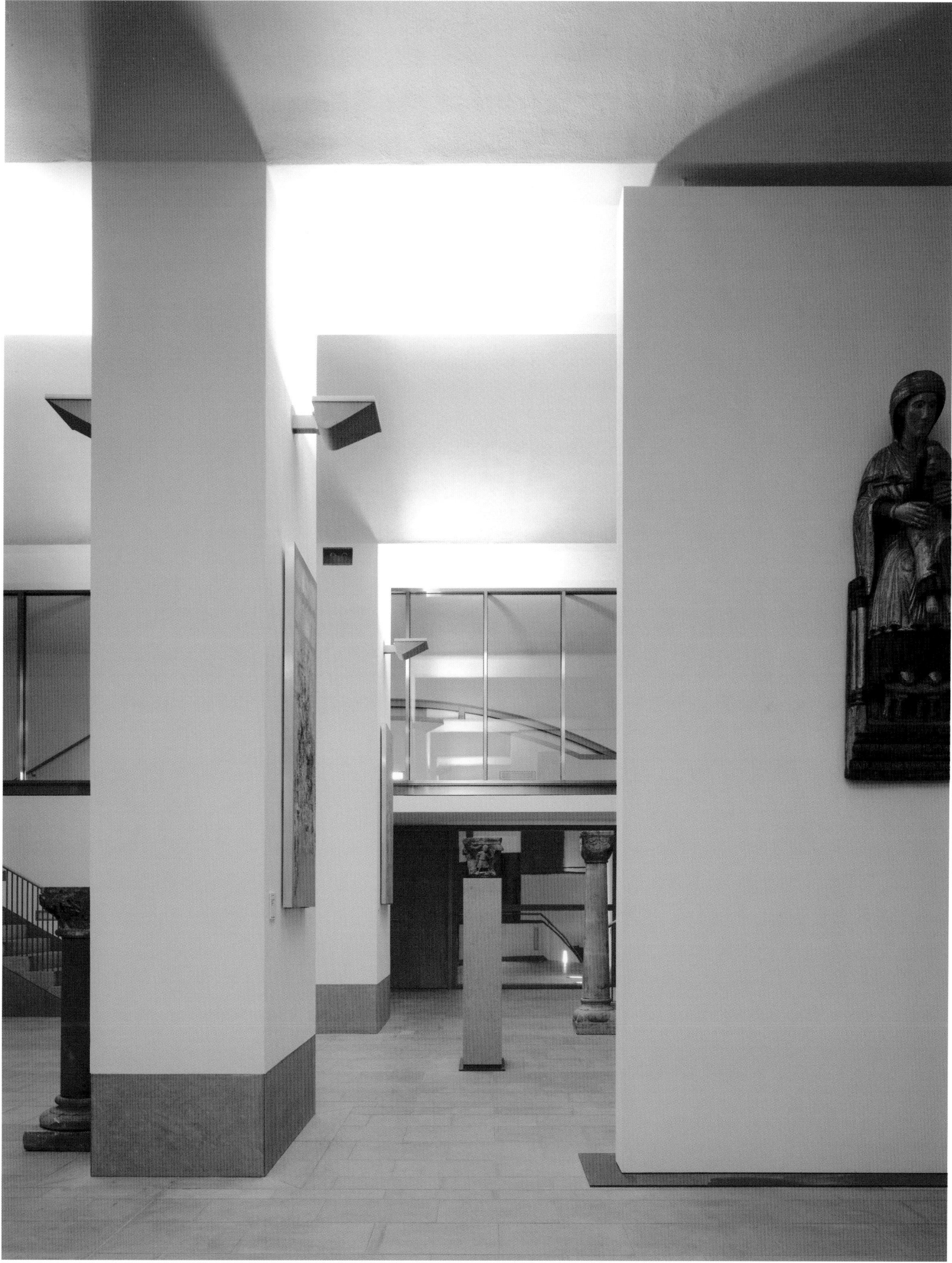

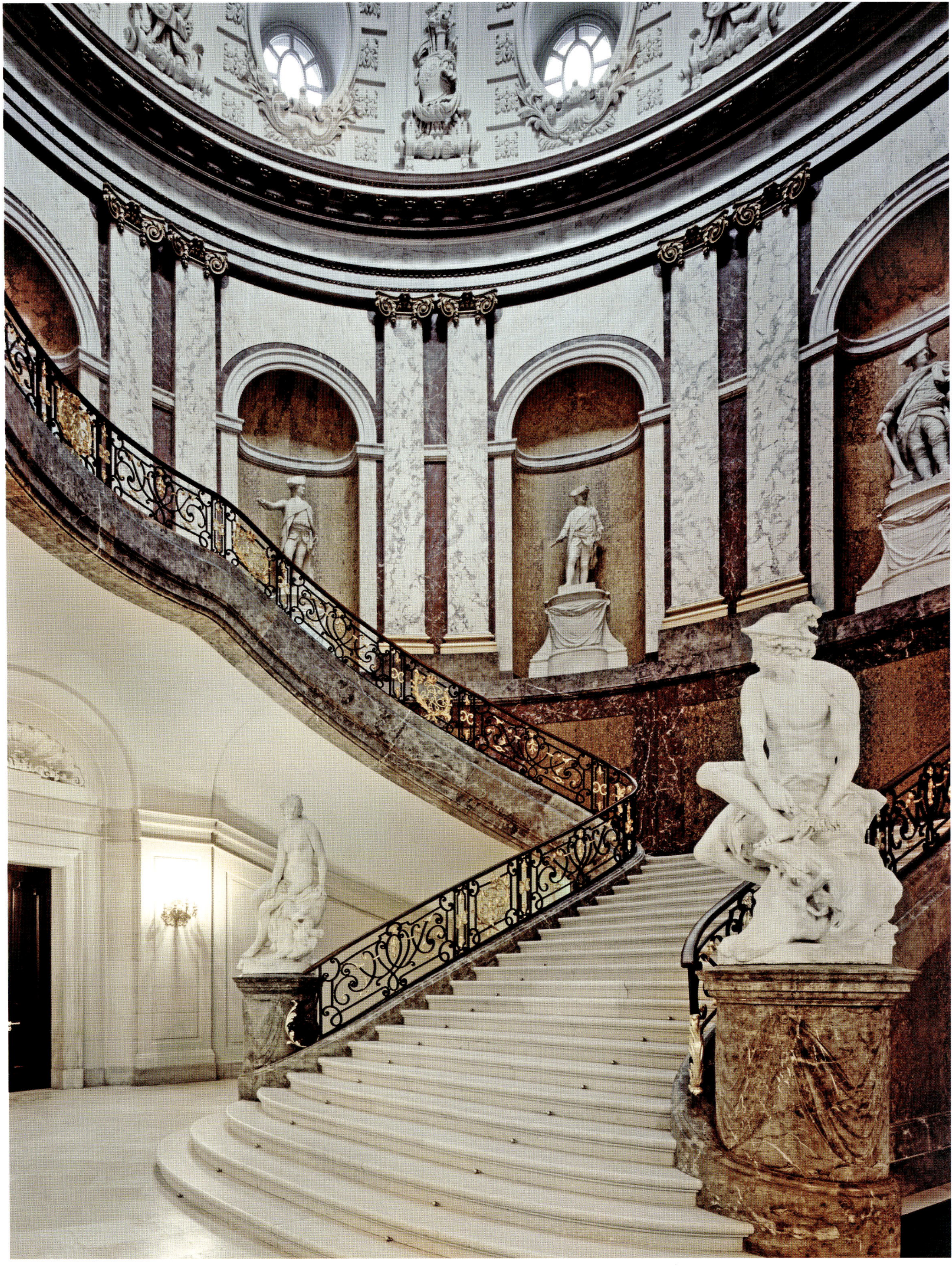

18. Die Treppe in der Kuppelrotunde auf der Südostseite. (Photo: Reinhard Görner.)
19. Blick in den oberen Abschluß der Kuppelrotunde auf der Südostseite. (Photo: Reinhard Görner.)

18. The stairs in the domed rotunda on the south-east side. (Photo: Reinhard Görner.)
19. View into the upper end of the domed rotunda on the south-east side. (Photo: Reinhard Görner.)

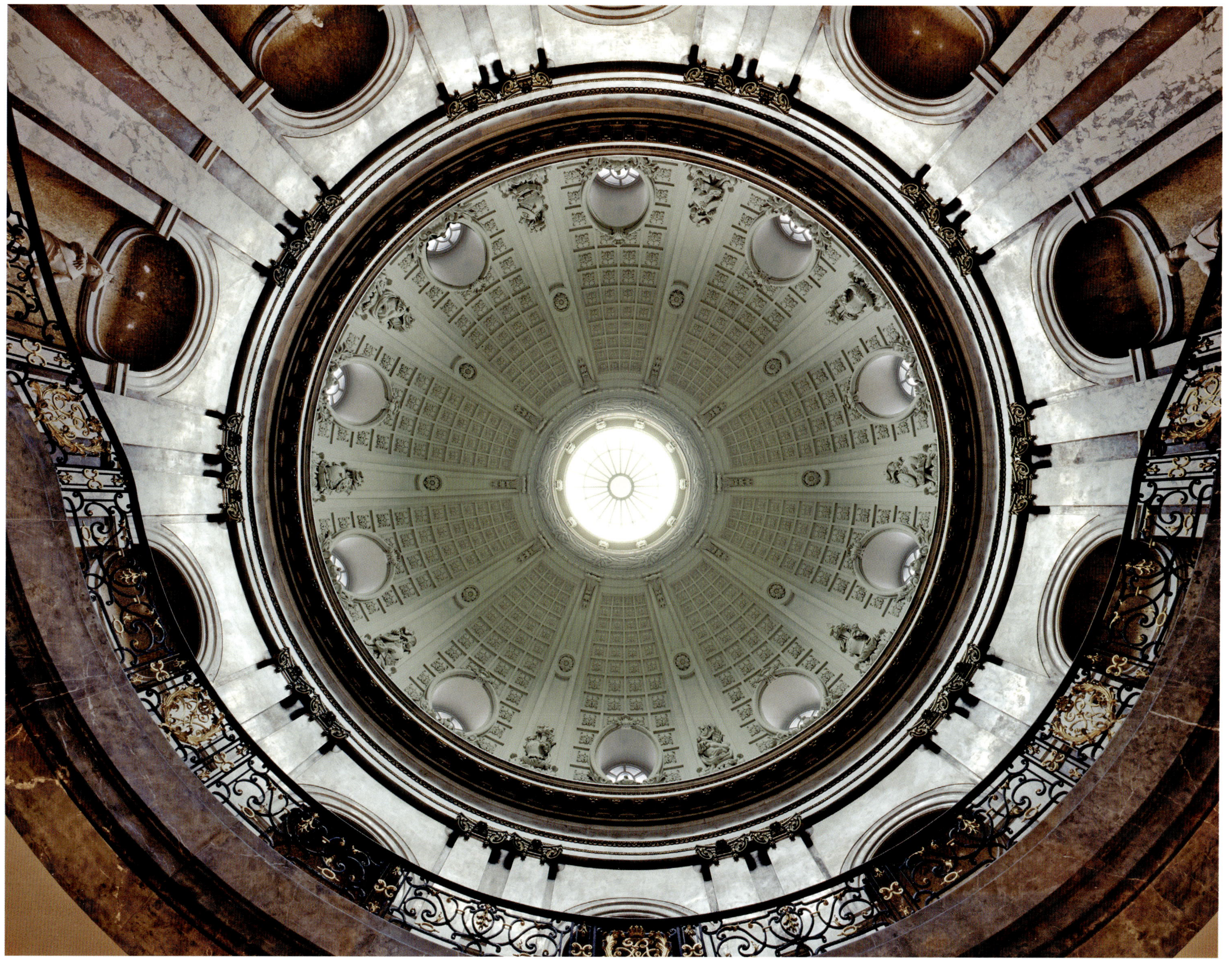

20. Blick von Südosten in die Basilika.
21. Die Kuppelhalle auf der Nordwestseite mit einem Abguß des heute am Schloß Charlottenburg stehenden Reiterstandbilds Friedrich Wilhelm I., des Großen Kurfürsten. (Photo: Reinhard Görner.)

20. View of the basilica from the south-east.
21. The domed hall on the north-west side with a cast of the equestrian statue of Friedrich Wilhelm I, the Great Elector, which today is to be found at Schloß Charlottenburg. (Photo: Reinhard Görner.)

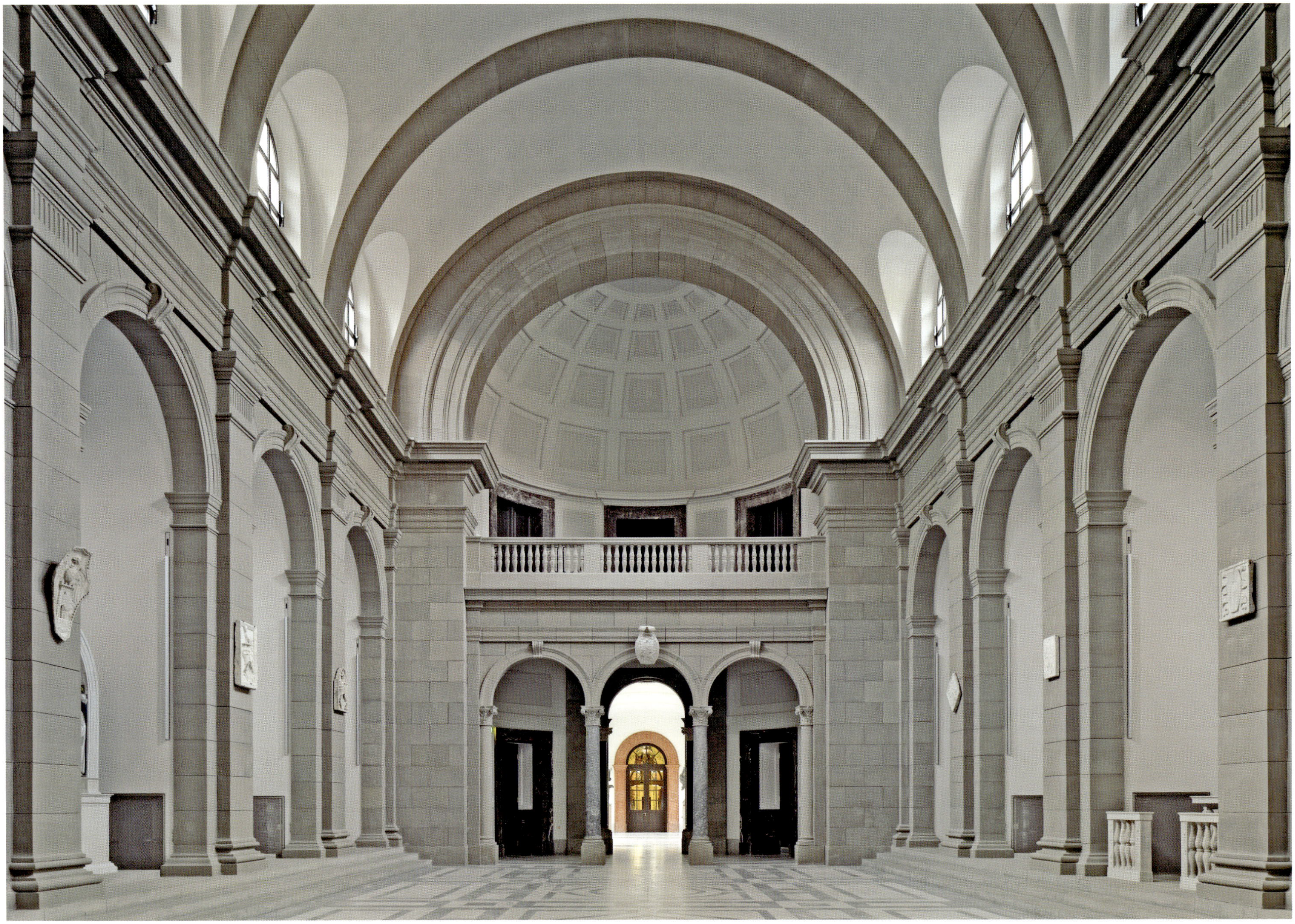

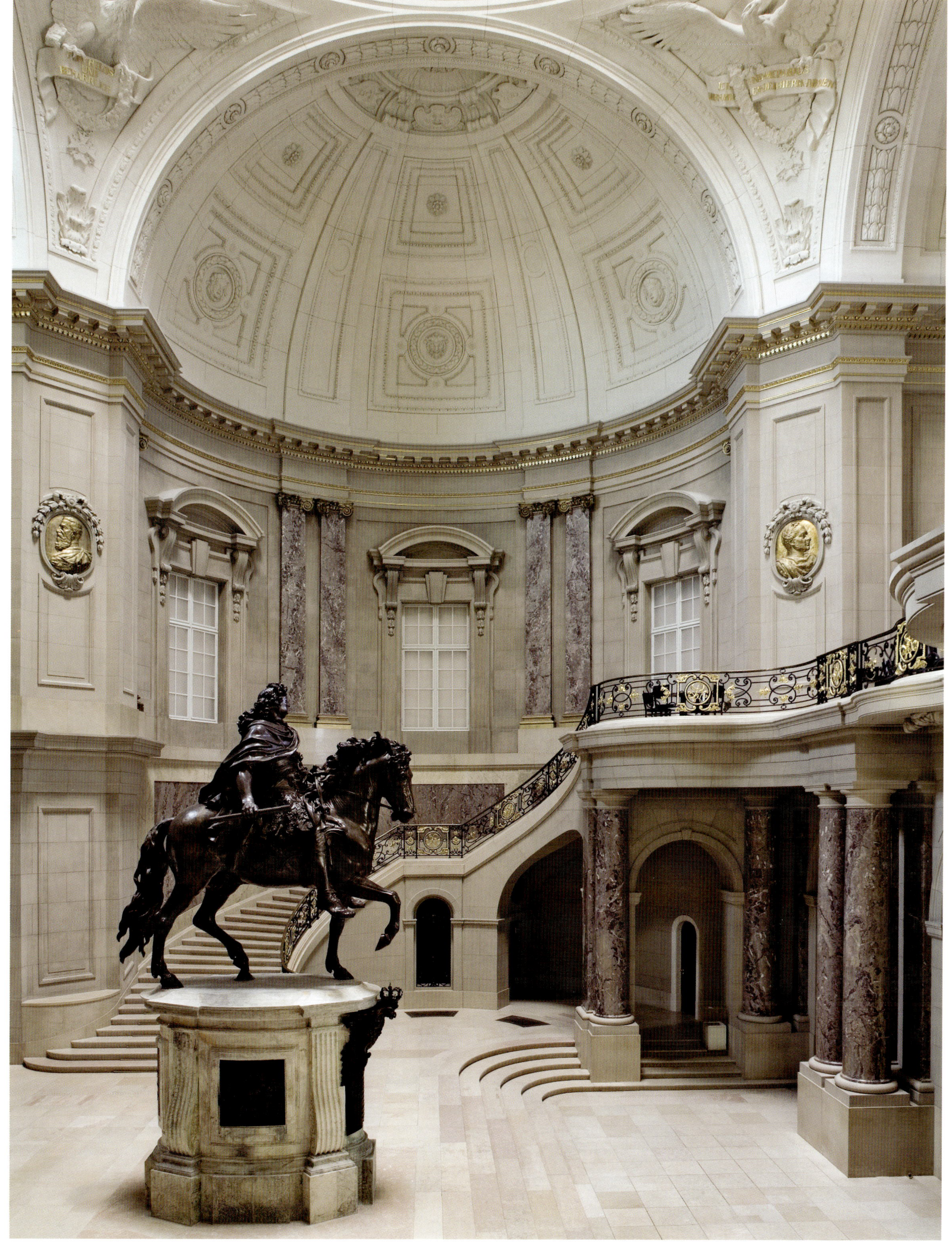

22, 23. Der Raum für byzantinische Kunst auf der Ebene 1 im westlichen Bereich des Spreetrakts.

22, 23. The room for Byzantine art on level 1 in the western part of the wing on the Spree.

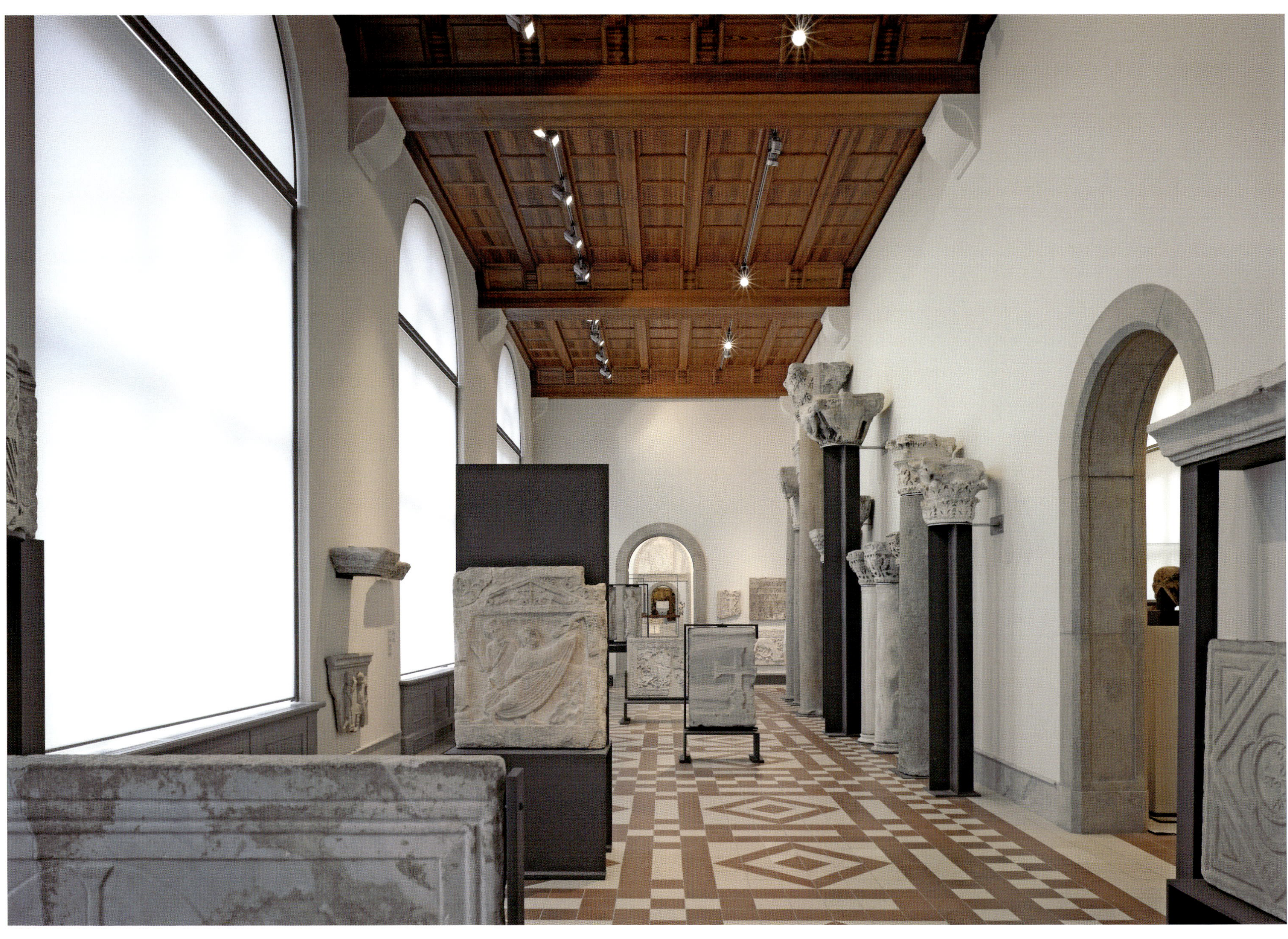

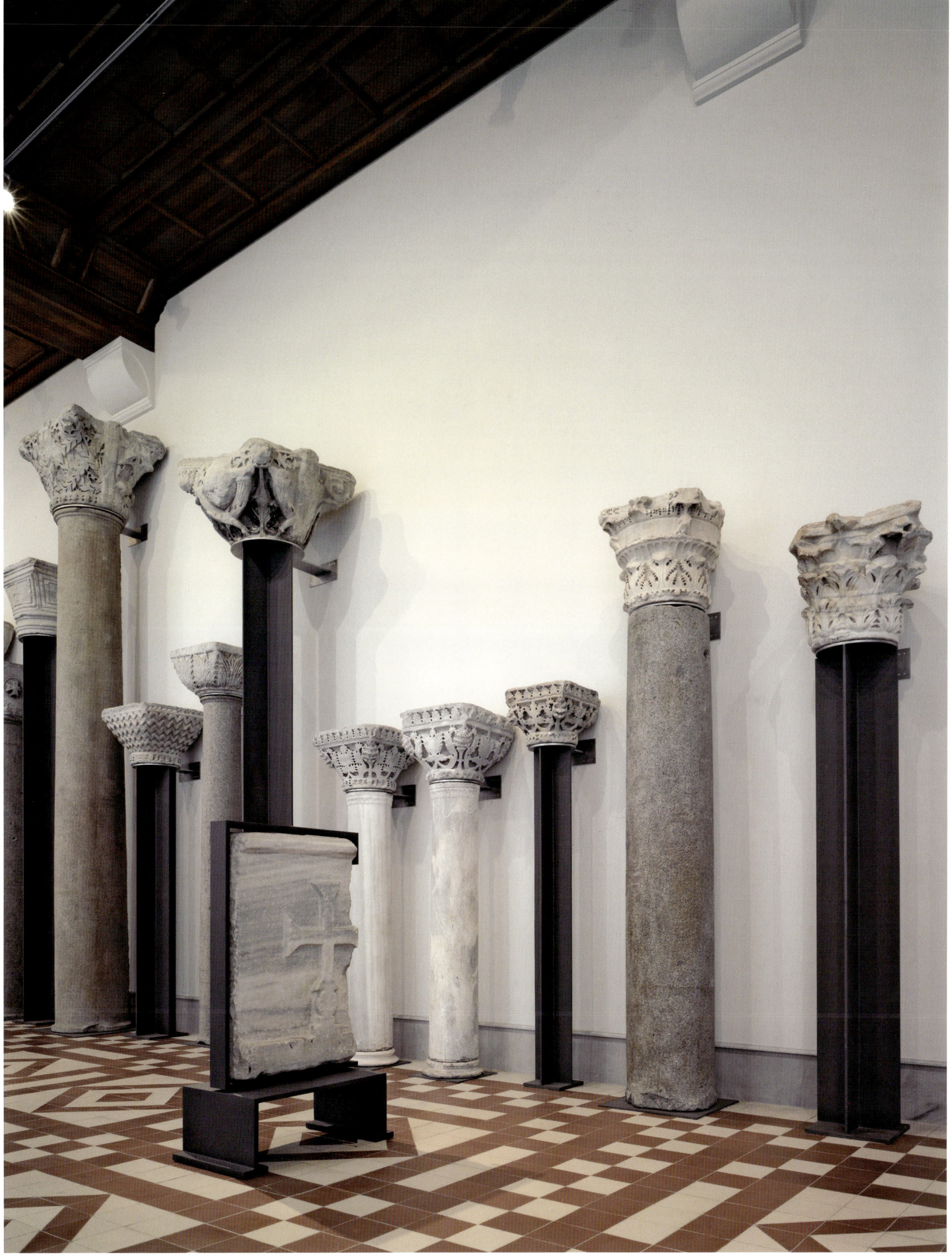

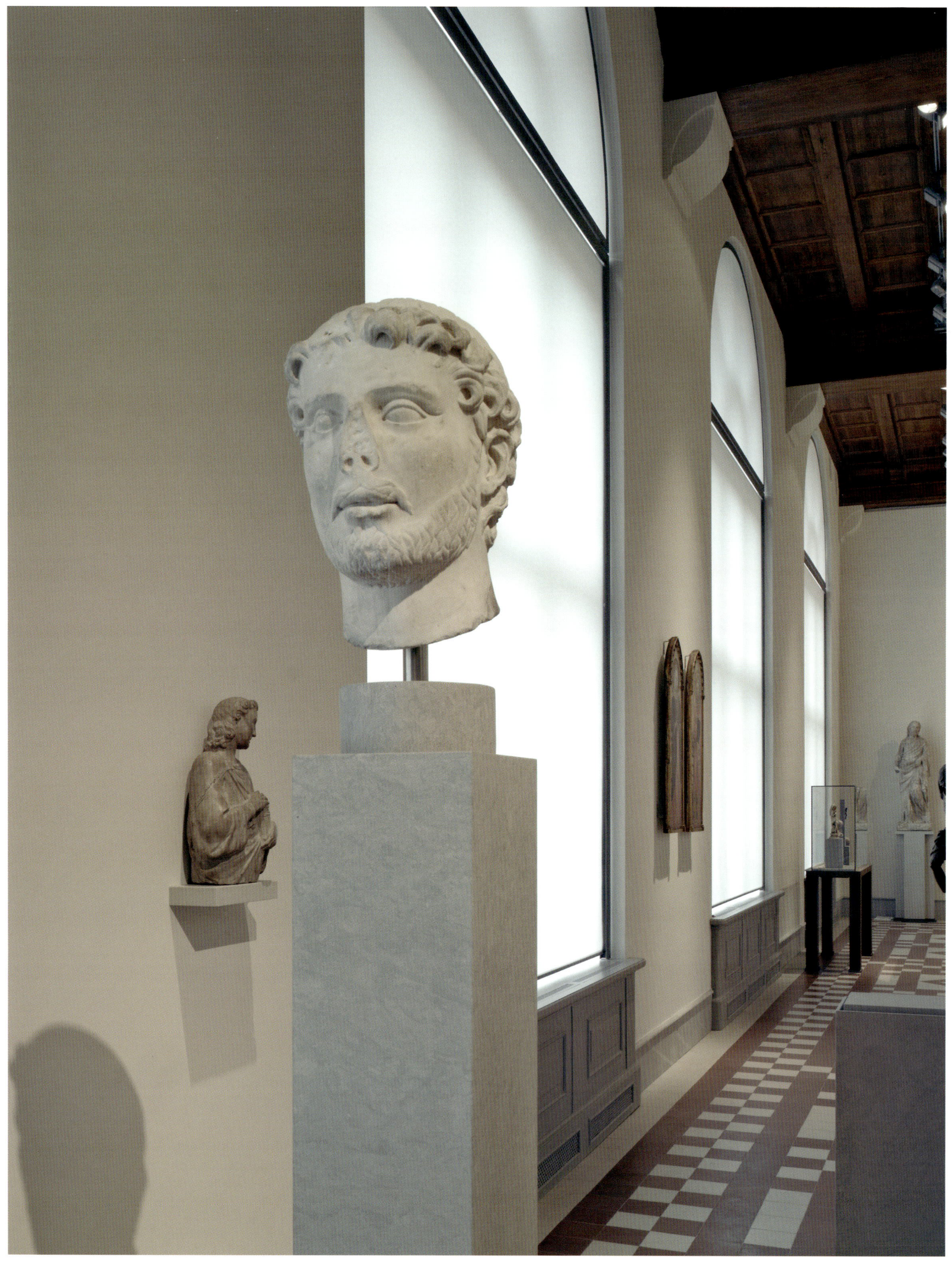

24, 25. Der Raum für romanische und gotische Kunst in Italien auf der Ebene 1 im zentralen Bereich des Spree-trakts.

24, 25. The room for Romanesque and Gotic art in Italy on level 1 in the western part of the wing on the Spree.

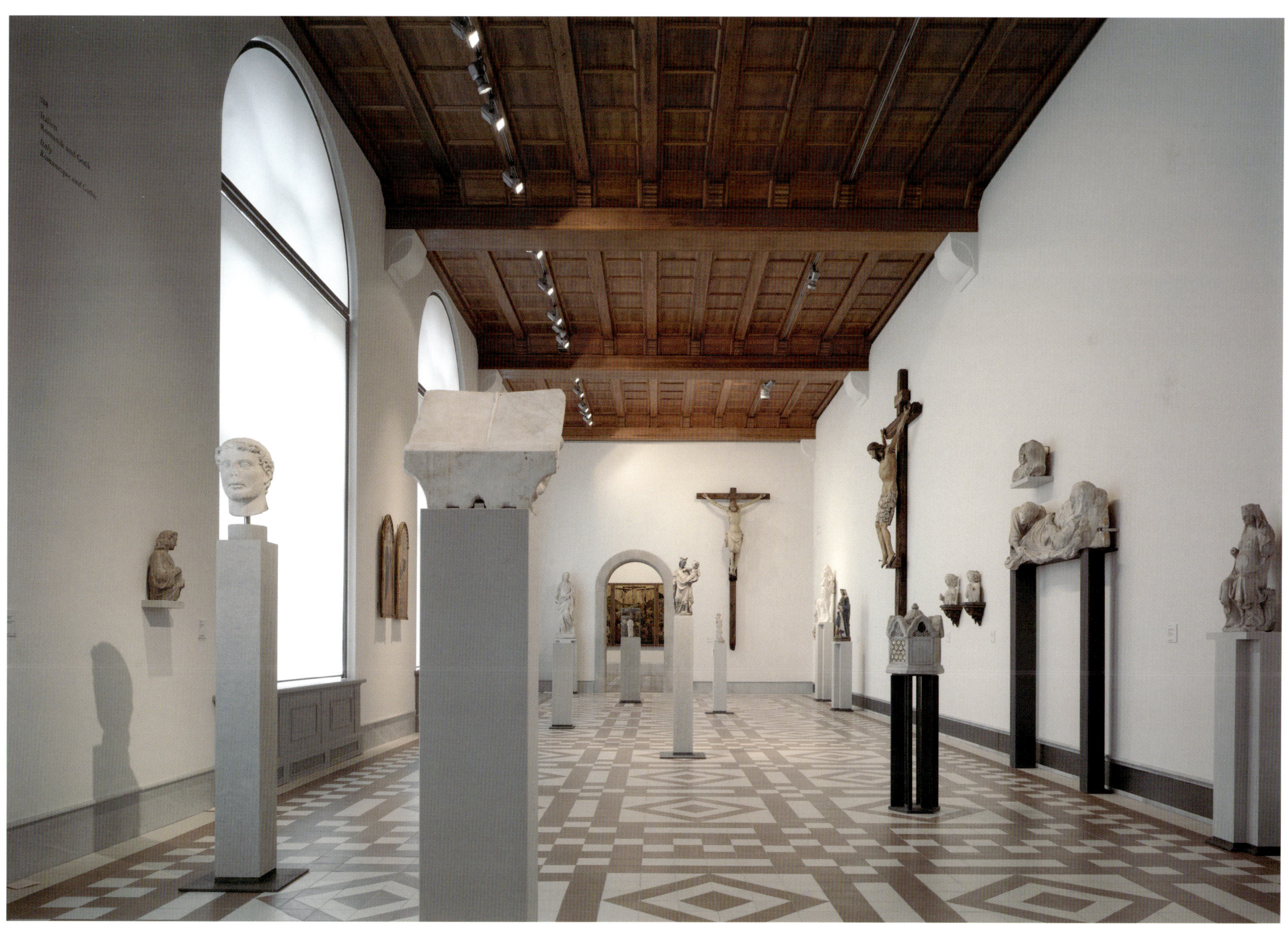

26. Der Saal für mittelalterliche Skulpturen auf der Ebene 1 im westlichen Querflügel auf der Spreeseite.
27. Blick von seinem Vorraum im Flügel an der Spree in den Raum für mittelalterliche Skulpturen.

26. The gallery for sculptures of the Middle Ages on level 1 in the western transverse wing on the Spree side.
27. View of the gallery for sculptures of the Middle Ages from its anteroom in the wing on the Spree.

S. 52/53
28. Der Skulpturensaal auf der Ebene 1 im südlichen Bereich der Südostseite. Im Vordergrund eine Skulptur von Antonio Canova.

p. 52/53
28. The sculptures gallery on level 1 in the southern part of the south-eastern side. In the foreground a sculpture by Antonio Canova.

p. 54, 55
29, 30. Detailansichten des Skulpturensaals auf der Ebene 1 im südlichen Bereich der Südostseite.

p. 54, 55
29, 30. Detailed views of the sculptures gallery on level 1 in the southern part of the south-eastern side.

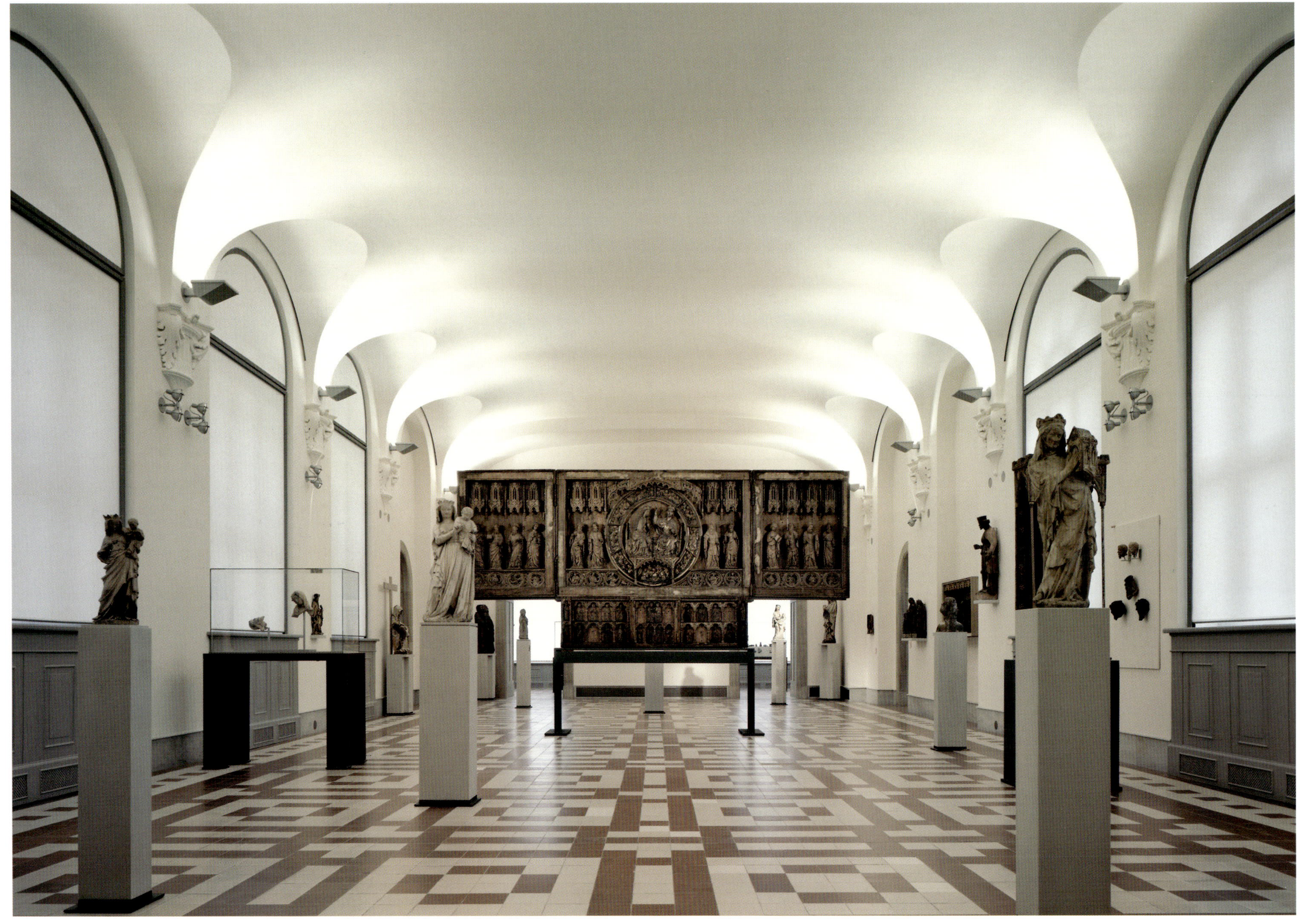

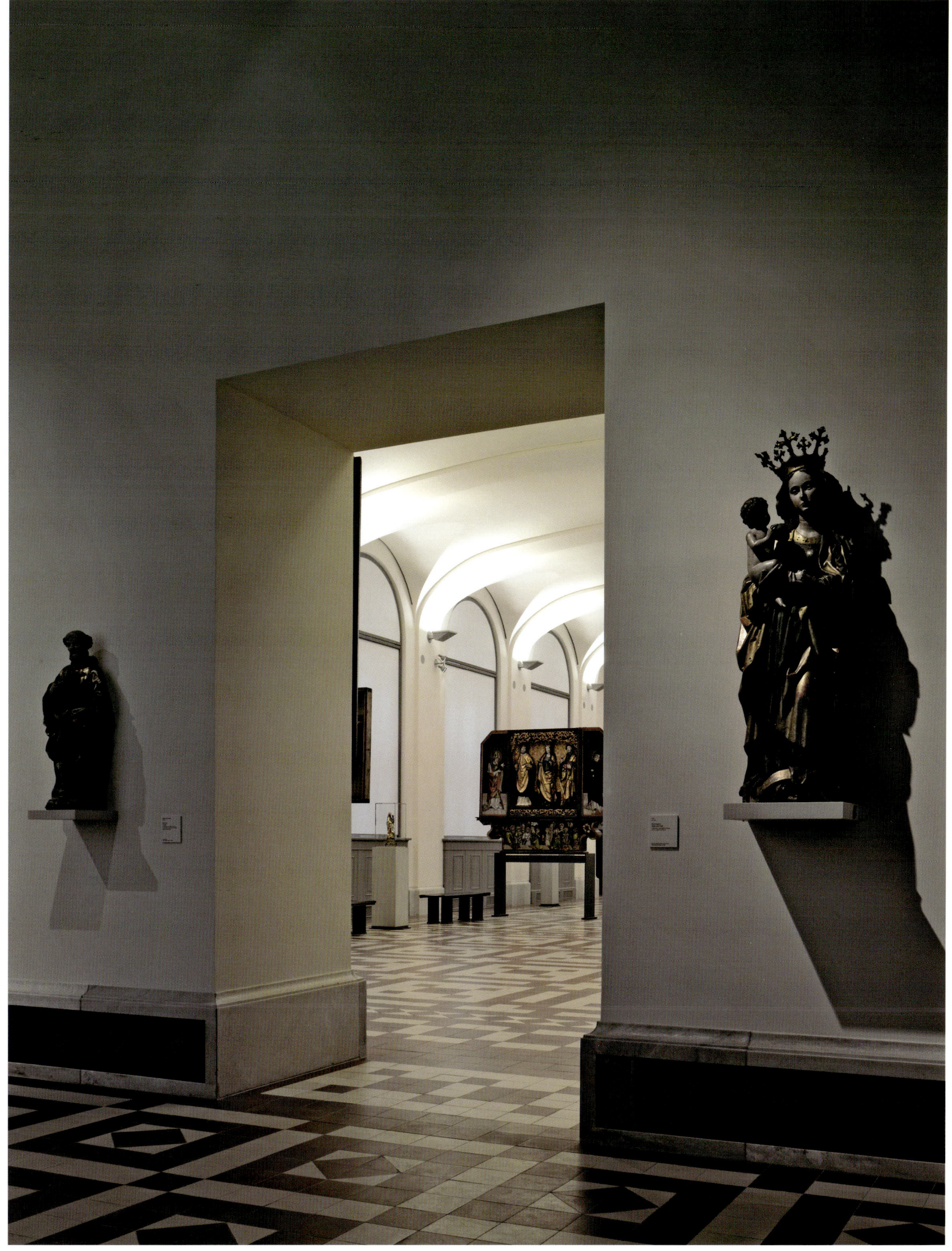

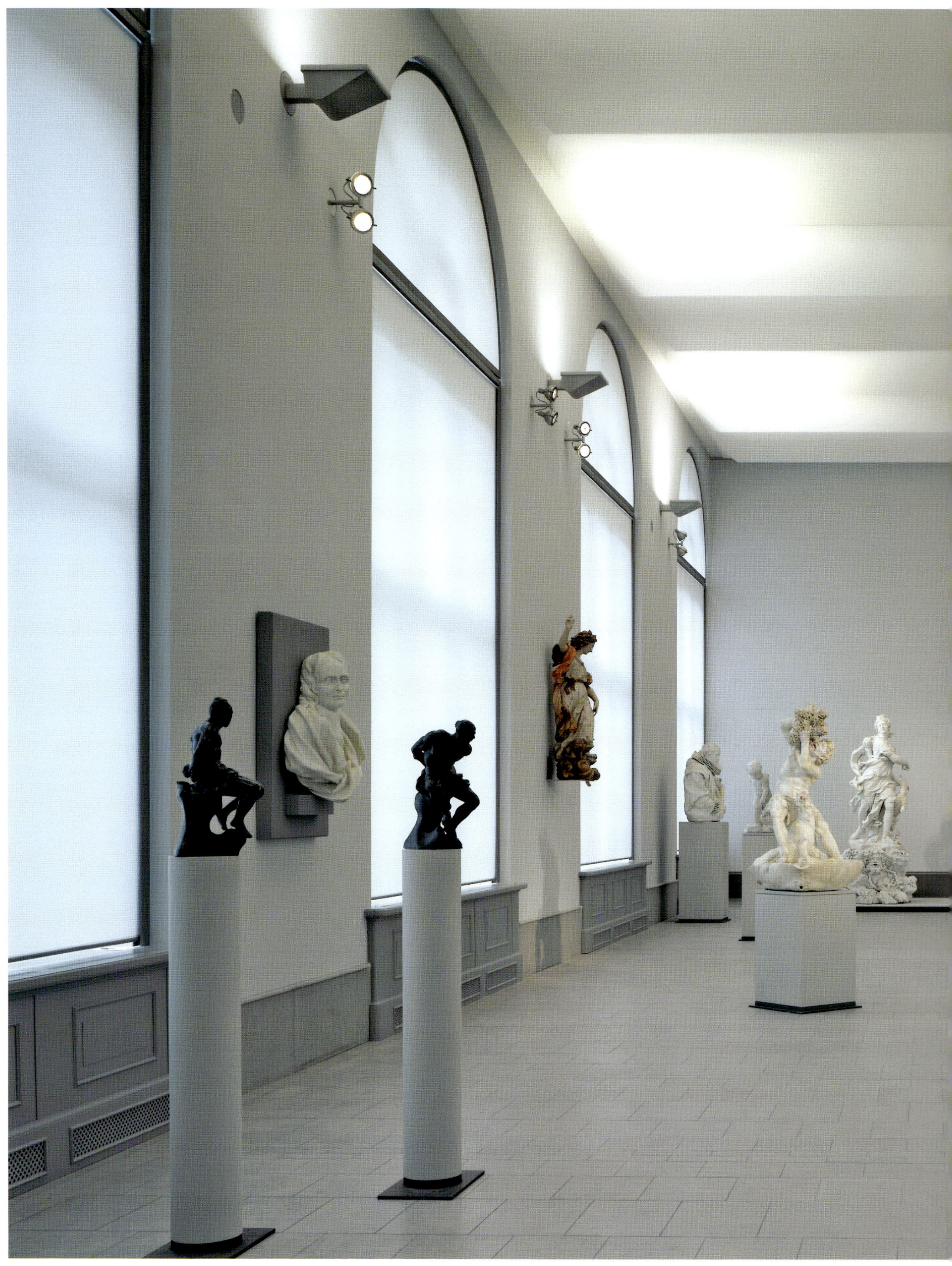

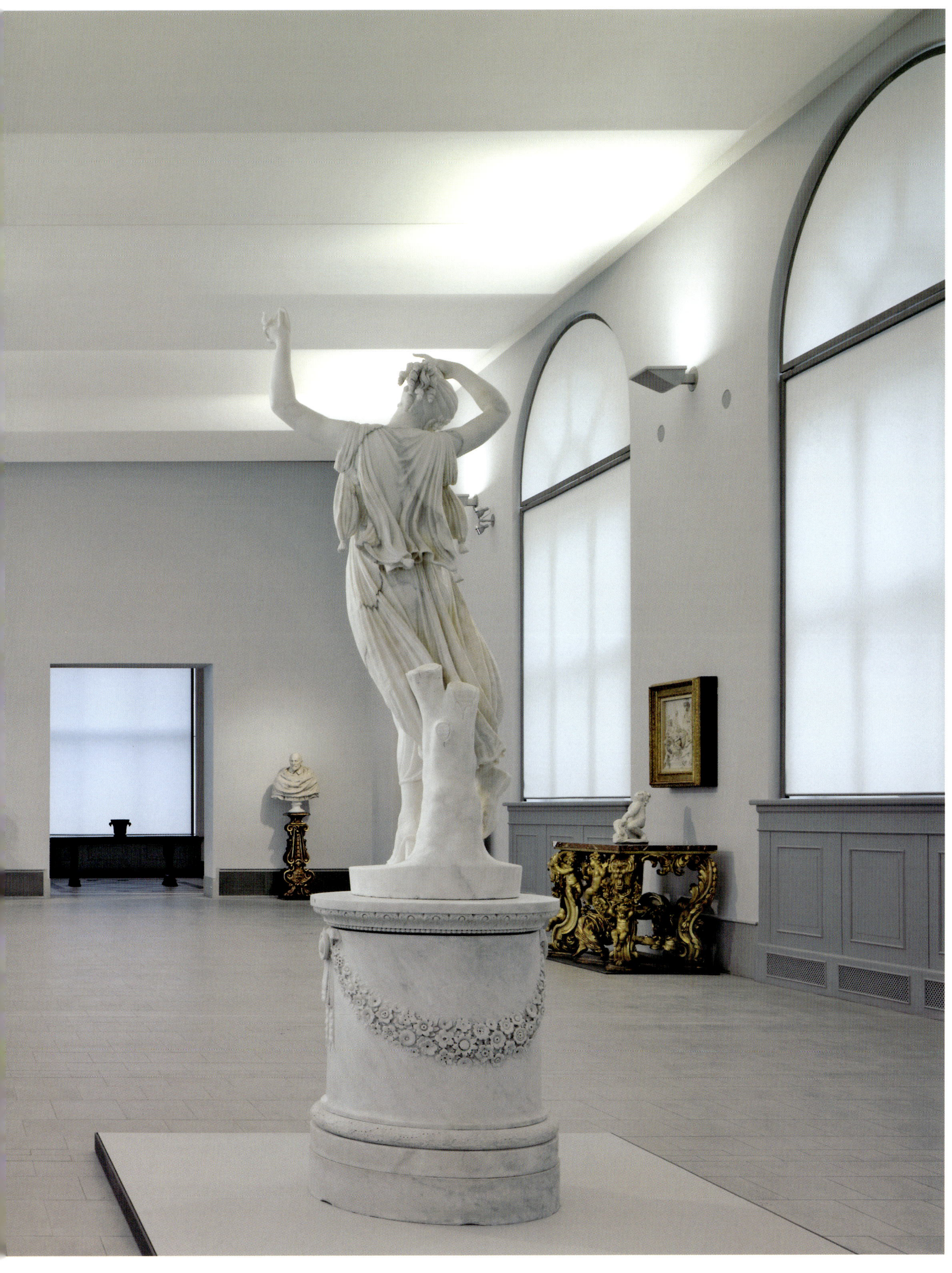

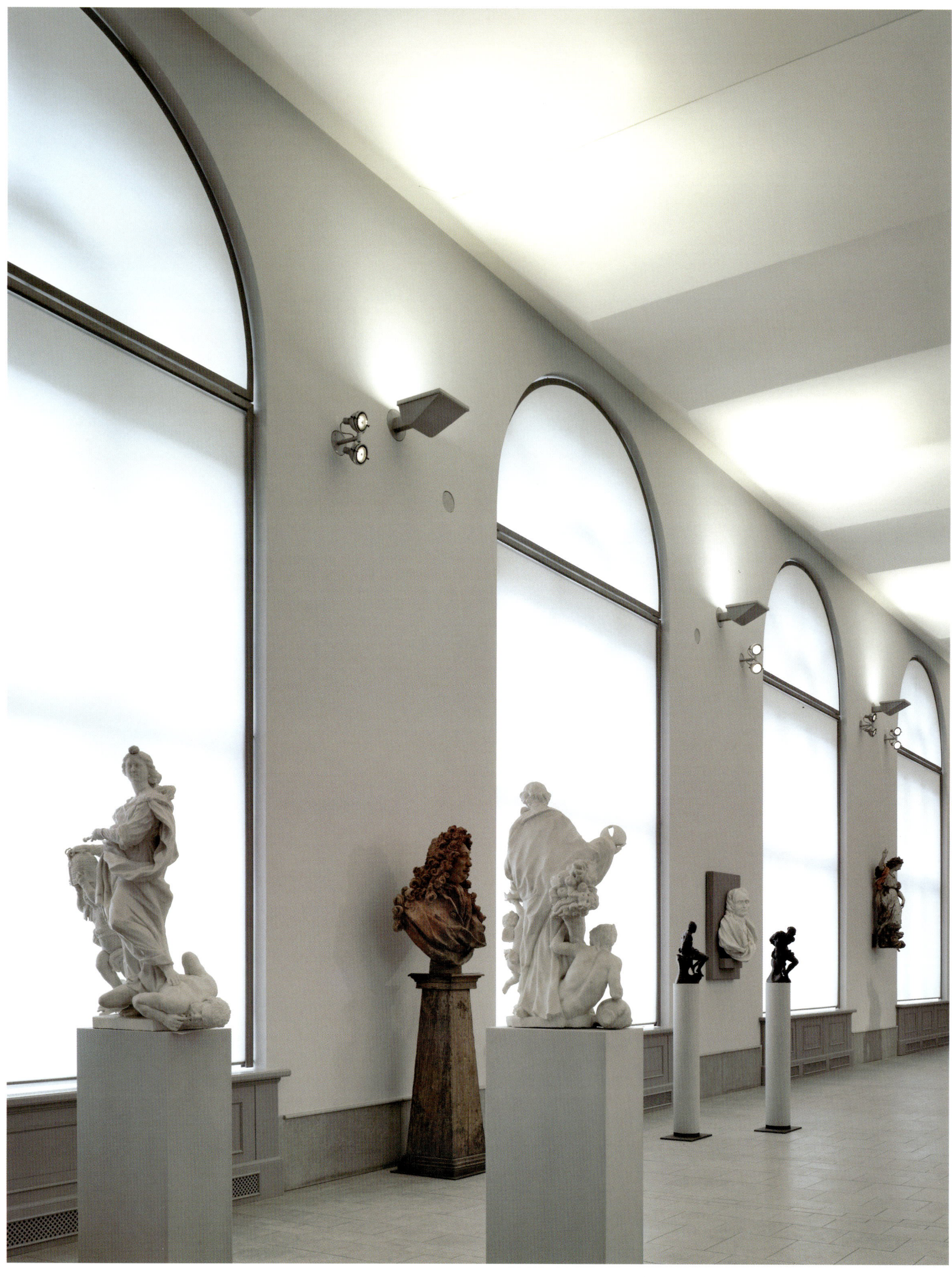

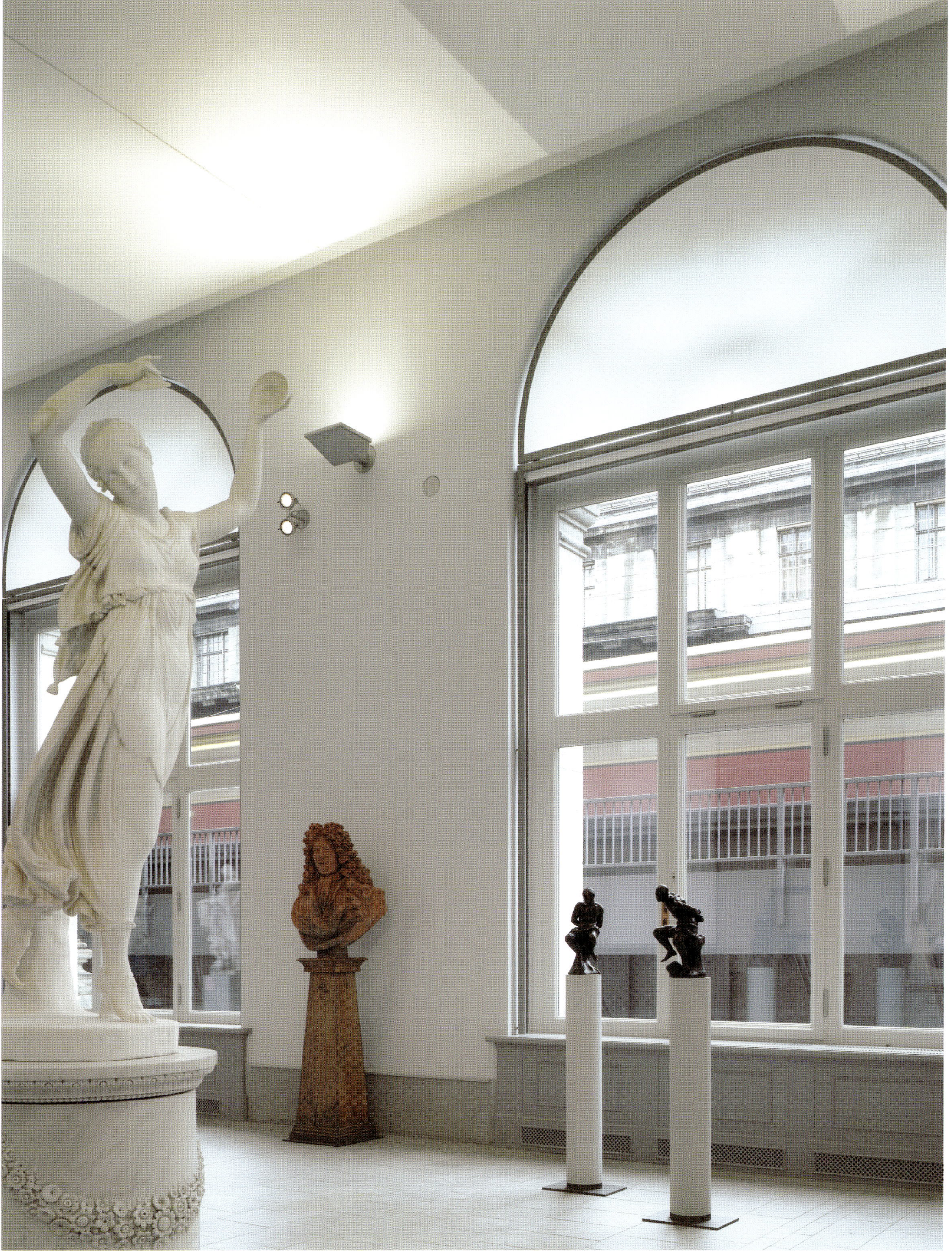

31. Einer der beiden Säle für die Kunst des Mittelalters auf der Ebene 2 im östlichen Querflügel auf der Spreeseite.
32. Der Saal für die Kunst des Barock auf der Ebene 2 im zentralen Querflügel auf der Kupfergrabenseite.

31. One of the two galleries for the art of the Middle Ages on level 2 in the eastern transverse wing on the Spree side.
32. The gallery for Baroque art on level 2 in the central transverse wing on the Kupfergraben side.

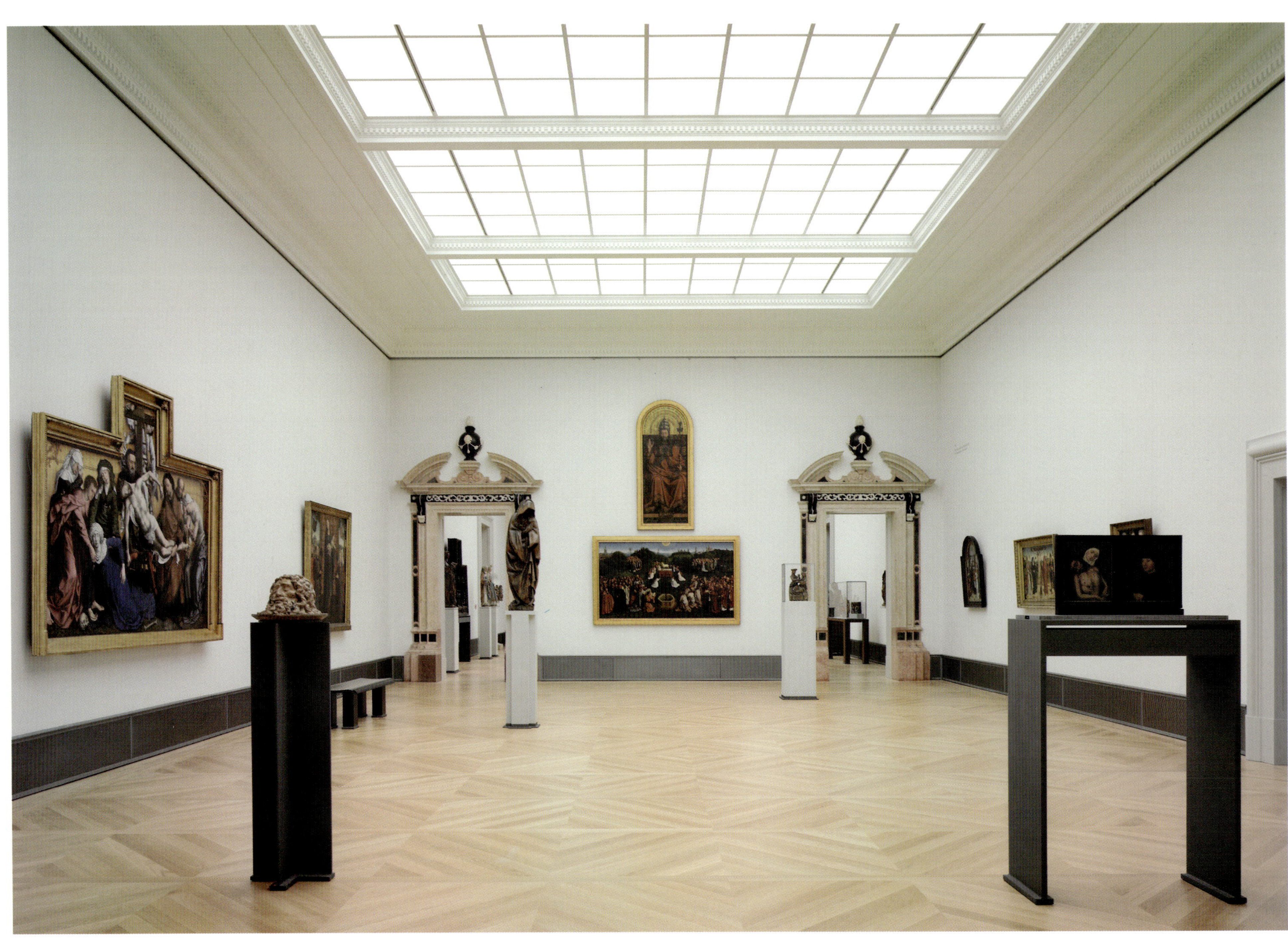

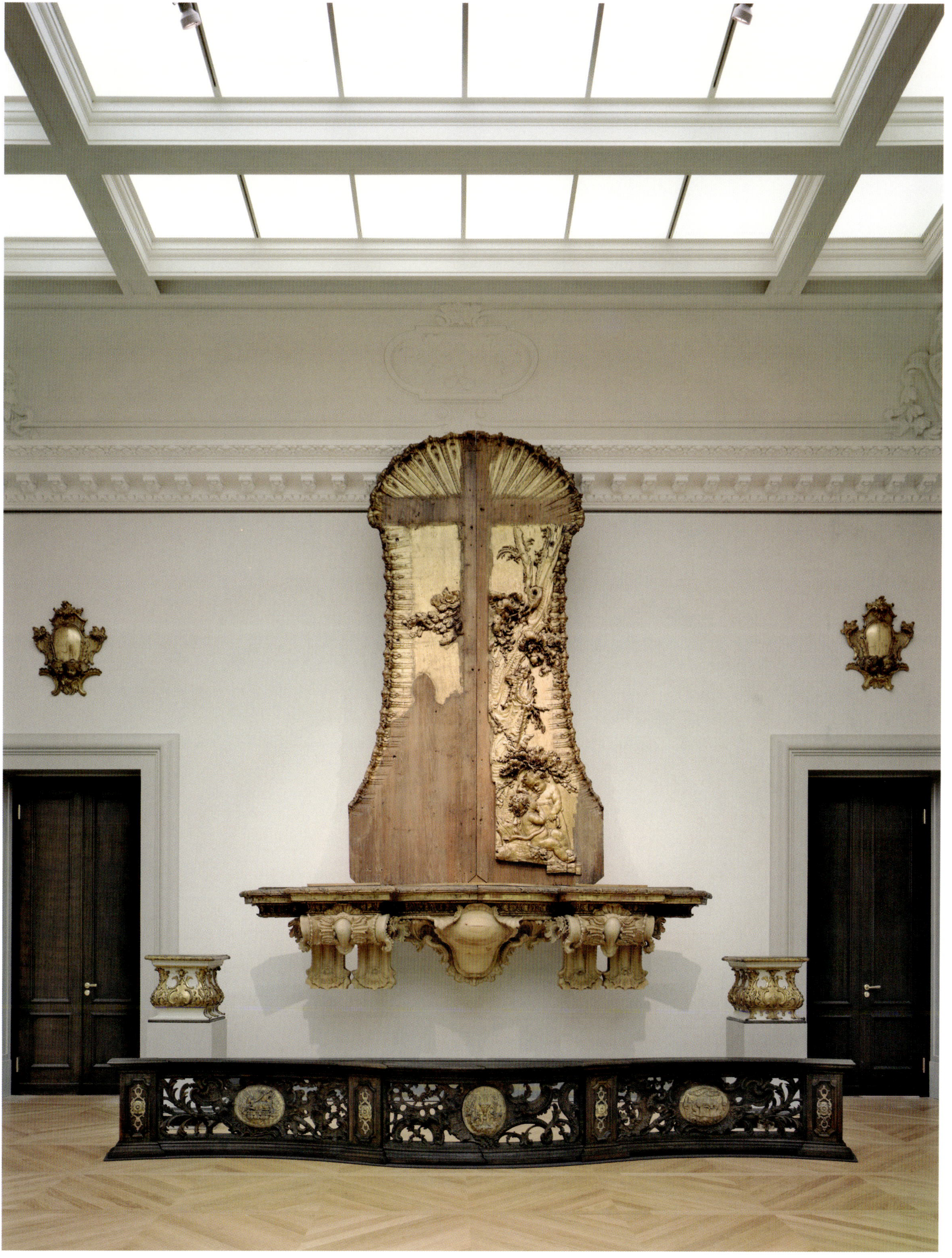

33, 34. Rotes Kabinett auf der Ebene 2 im Trakt an der Spree. (Photo 33: Reinhard Görner.)

S. 60, 61
35. Der Studiensaal in der Münzsammlung auf der Ebene 2 im Trakt am Kupfergraben.
36. Raum in der Münzsammlung mit Münzstele auf der Ebene 2 im Trakt am Kupfergraben.

33, 34. Red Cabinet on level 2 in the wing on the Spree. (Photo 33: Reinhard Görner.)

p. 60, 61
35. The study room in the numismatic collection on level 2 in the wing on the Kupfergraben.
36. Room of the numismatic collection with numismatic stele on level 2 in the wing on the Kupfergraben.

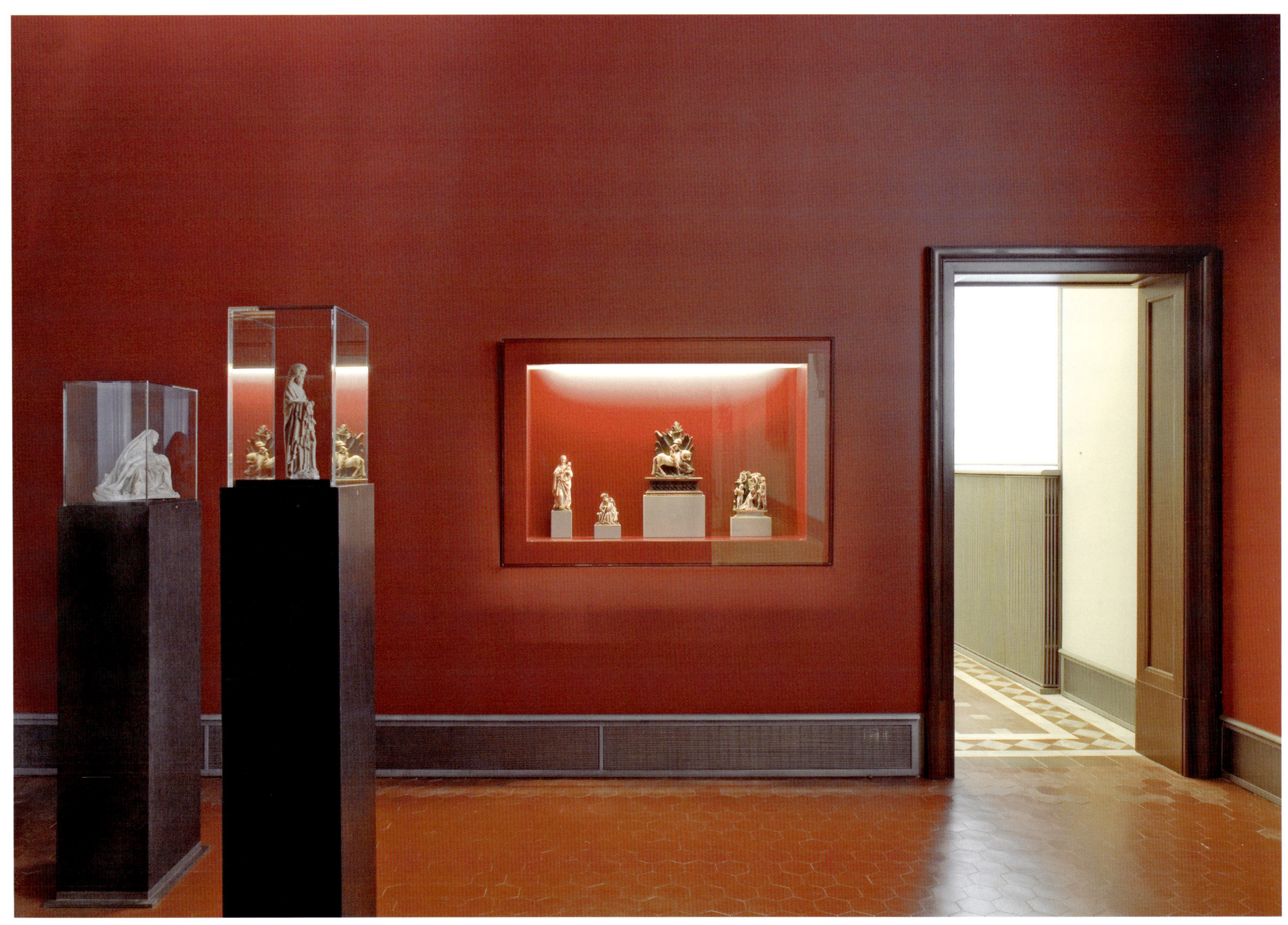

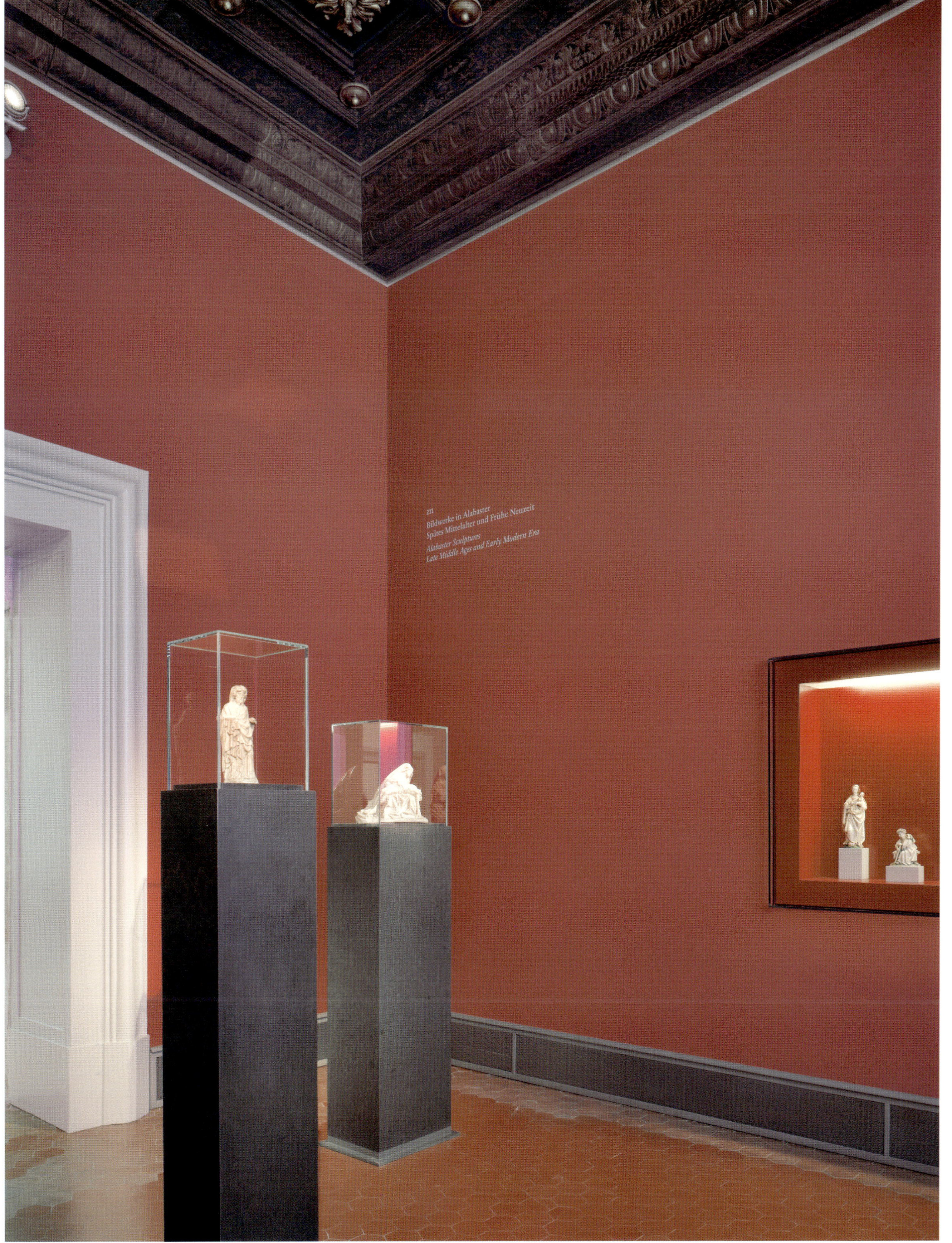
211
Bildwerke in Alabaster
Spätes Mittelalter und Frühe Neuzeit
Alabaster Sculptures
Late Middle Ages and Early Modern Era

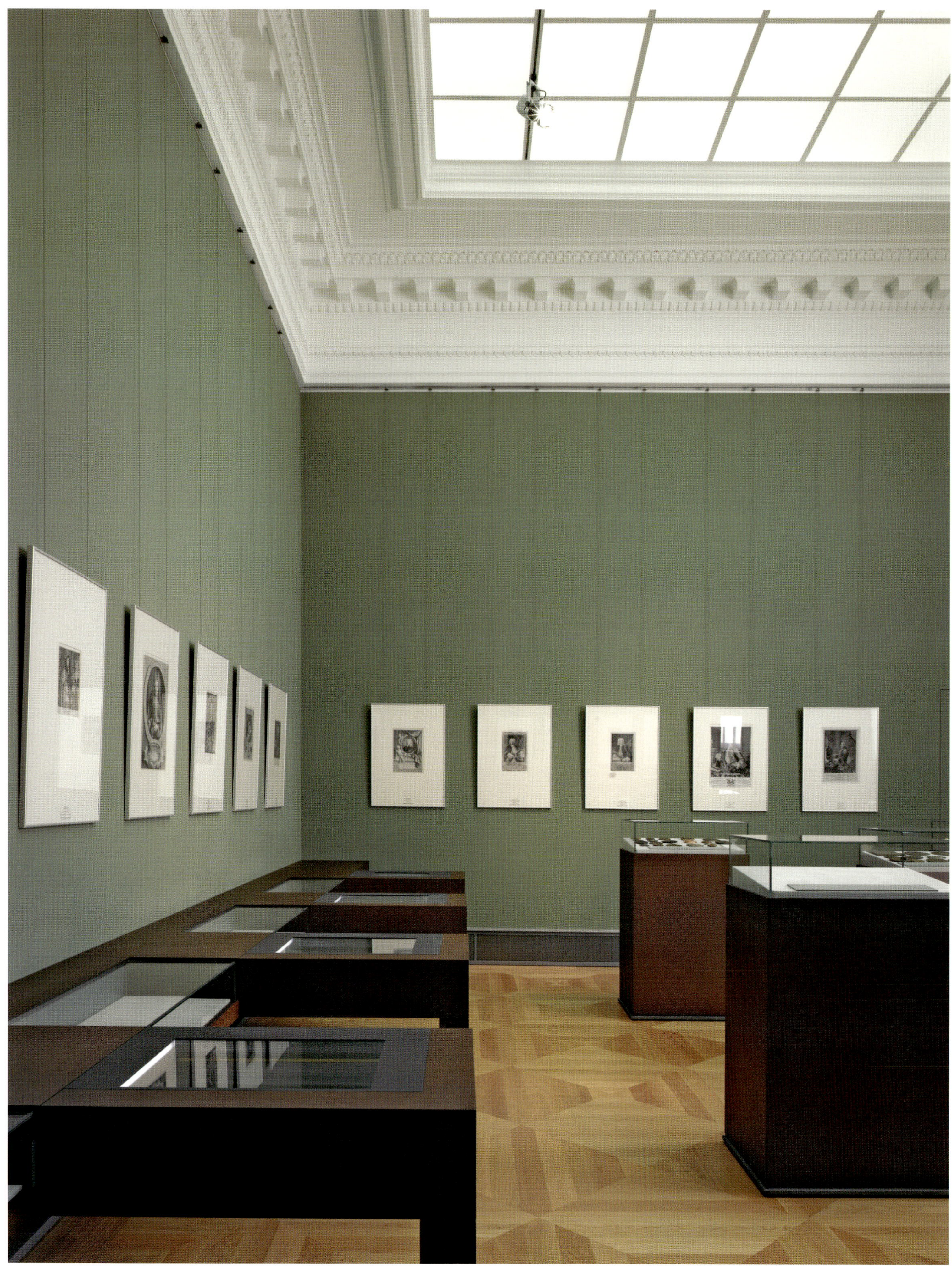

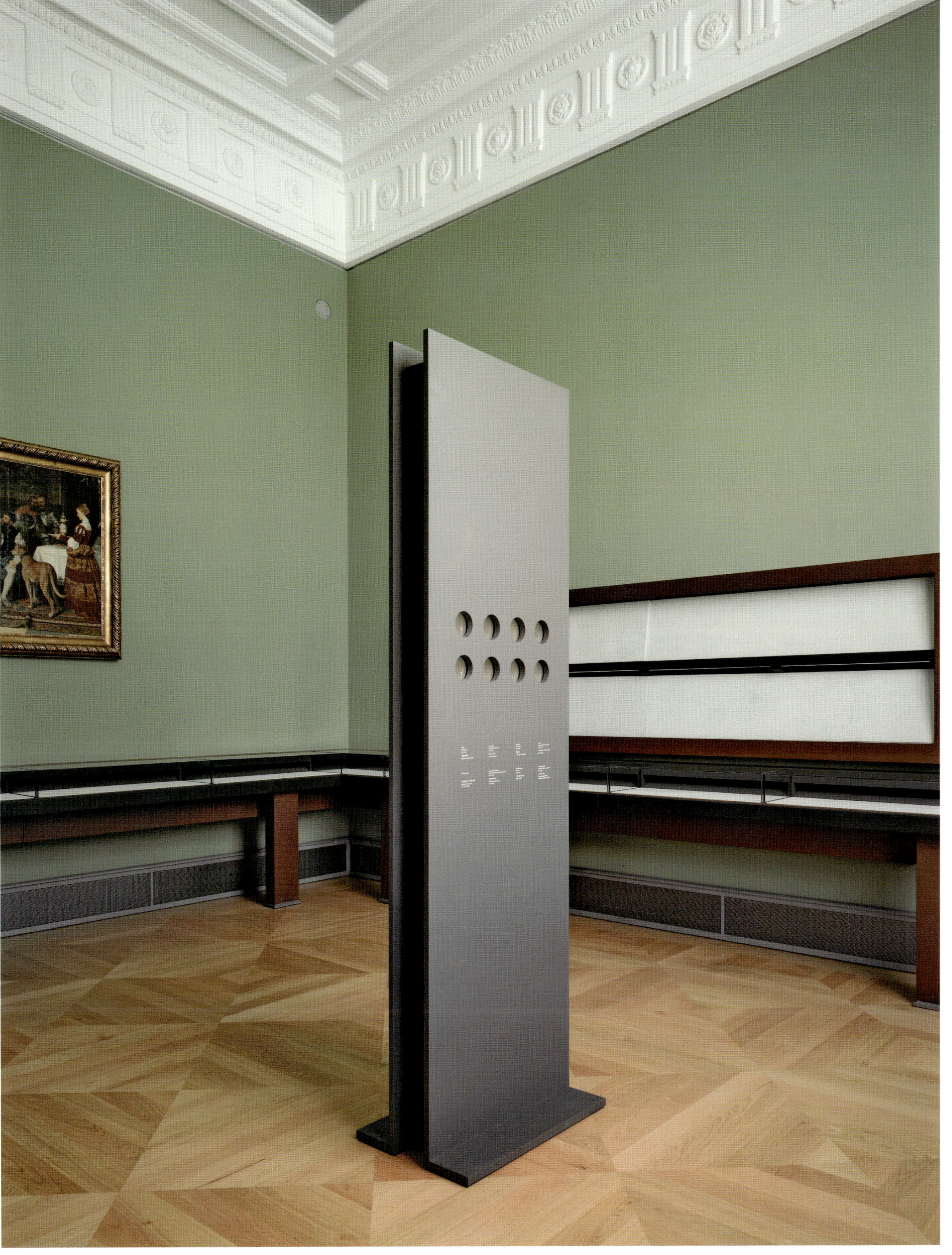

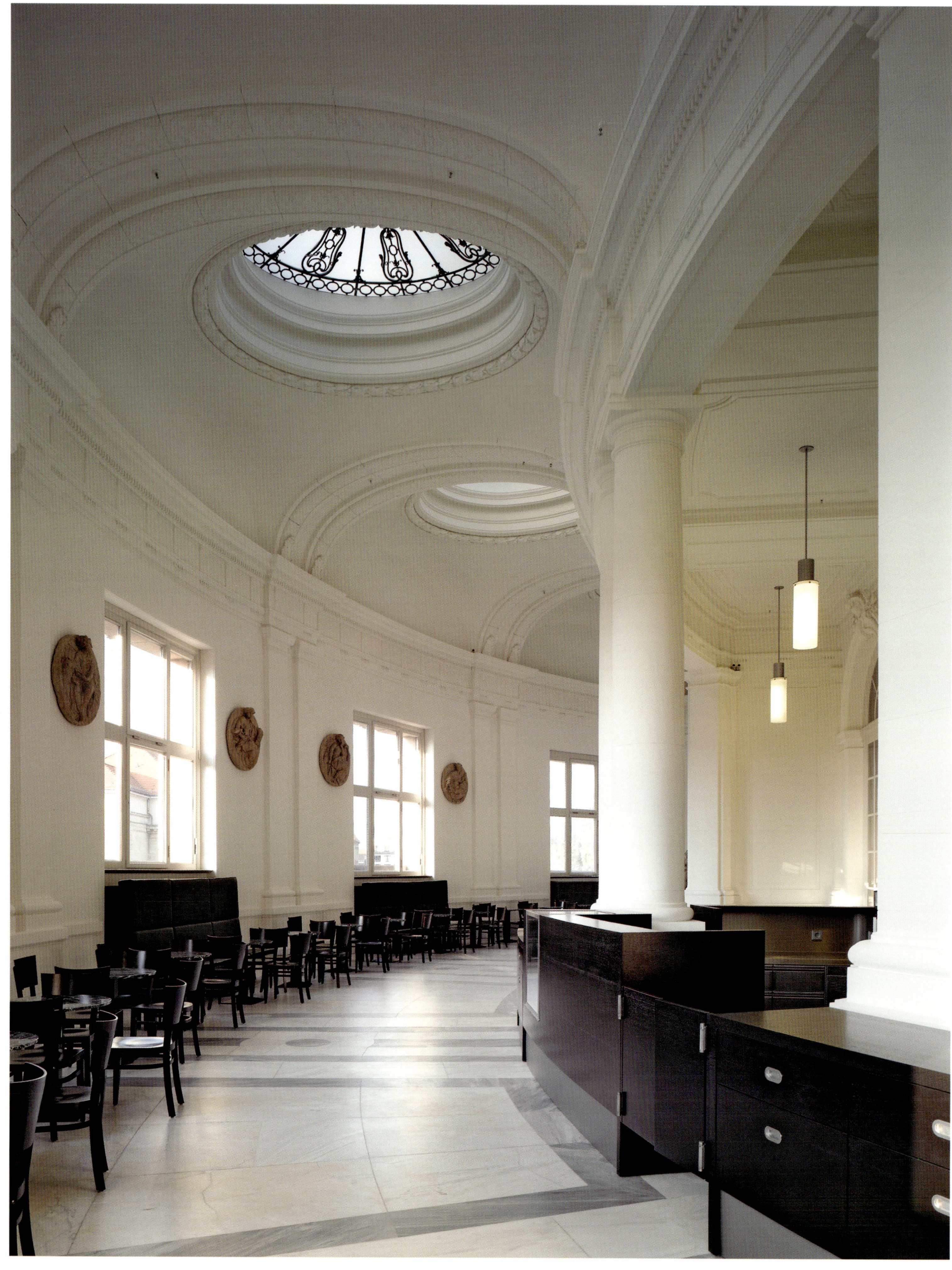

37, 38. Das Café auf der Ebene 2 in der Spitze auf der Nordwestseite.

37, 38. The café on level 2 in the corner on the north-west side.

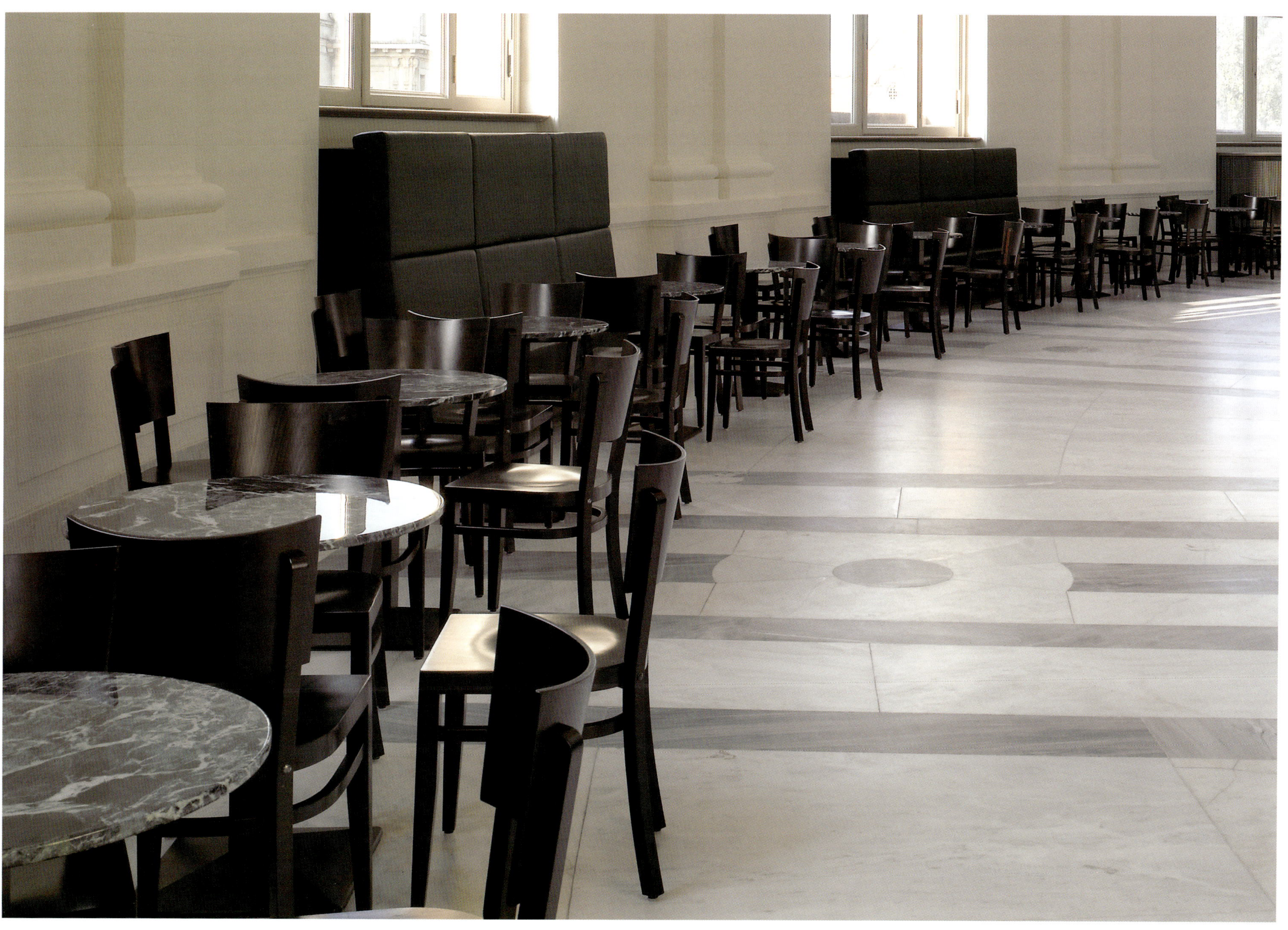

Bode-Museum
Bodestraße 1–3
10178 Berlin-Mitte

Generalsanierung und Gestaltung der permanenten Ausstellung / General refurbishment and design for the permanent exhibition
1997–2006

Bauherr / Client
Stiftung Preußischer Kulturbesitz, vertreten durch / represented by Bundesamt für Bauwesen und Raumordnung, Berlin

Architekten / Architects
Atelier Tesar, Wien / Berlin, in Partnerschaft mit / in partnership with Hella Rolfes, Berlin
1997–2002 in Projektgemeinschaft mit / in project partnership with Atelier Christoph Fischer, Berlin
1997–2004 Teilbaumaßnahmen durch / partial building operations by Atelier Christoph Fischer, Berlin
Projektleitung: Hella Rolfes, Andreas Thiele (Baumaßnahmen / building operations). Anne Kirsch (Ausstellungsgestaltung / exhibition design)
Mitarbeiter / Staff members: Oliver Aschenbrenner, Arnaud Baumann, Oliver Boros, Ruedi Bühlmann, Wiebke Demnitz, Urs Geiger, Peer Giese, Maren Harwardt, Britta Hohmann, Sebastian Kablau, Reina Marten, Thomas Meyer, Frank Petters, Silvia Prager, Petra Rolfes, Wencke Schoger, Kristina Schwesinger, Steffen Spitzner, Susanne Veit, Ilka Zucker

Bauleitung / Site management
Atelier Christoph Fischer, Berlin; PMS Projekt Consult Engineering GmbH, Berlin (Generalsanierung / general refurbishment). BAL Bauplanungs- und Steuerungs AG, Berlin (Ausstellungsgestaltung / exhibition design)

Projekt-Controlling / Project control
ibb – Ingenieurbüro für Bauwesen, Prof. Burkhardt GmbH & Co., Berlin

Tragswerksplanung / Structural engineering
GSE – Ingenieur-Gesellschaft mbH Saar, Enseleit und Partner, Berlin

Haustechnik / Mechanical engineering
pbr Planungsbüro Rohling AG, Berlin

Bauphysik / Building science
Ingenieurbüro Axel C. Rahn GmbH, Berlin

Lichtplanung / Light planning
Ch. Keller Design AG, St. Gallen

Brandschutz / Fire prevention
Ingenieurbüro H. Preiß, Berlin

Akustik / Acoustics
Dipl.-Ing. Thomas Fütterer, Berlin

Denkmalpflege / Monument preservation
BAB – Büreau für Architektur u. Baugeschichte, Berlin

Restauratorisches Gutachten / Preservation expertise
Restaurierung am Oberbaum, Berlin

Bestandskartierung / Building survey
Messbildstelle GmbH, Berlin, Berlin

Leit- u. Informationssystem, Neue Medien, Ausstellungsgraphik / Guiding and information system, new media, exhibition graphics
Polyform, Berlin

Am Bauprozeß beteiligte Firmen / Firms involved in the building process
Arte Möbel GmbH, Magdeburg
Aufzug + Service Maschinenbau GmbH, Magdeburg
BATEG Ingenieurbüro GmbH, Berlin
Bembé-Parkettfabrik Jucker GmbH & Co. KG, Berlin
BLT Veranstaltungstechnik, Berlin
Bosch Telekom, Berlin
Brückner Grundbau GmbH, Glindow
Carl Zeiss AG, Berlin
COMBAG Comfort Bauten AG, Wandlitz
Dechant Malerwerkstätten GmbH, Berlin
Dörnhöfer Stahlbau Metallbau GmbH & Co., Kulmbach
Eikemeier Verpackungen GmbH, Brandenburg
F. X. Rauch GmbH & Co. KG, Berlin
F+D Büroeinrichtungen Vertriebs GmbH, Berlin
Fuchs + Girke Bau- und Denkmalpflege GmbH, Ottendorf-Okrilla
Gahrens + Battermann GmbH, Kleinmachnow
Haber & Brandner GmbH, Berlin
Hasenkamp Internationale Transporte GmbH, Berlin
Herget IT Service & Systeme GmbH, Berlin
Hinnenkamp Tiefbau GmbH, Plötzin
Ideal Innenausbau GmbH, Berlin
INHA GmbH, Berlin
INTEC Versorgungstechnik GmbH & Co. KG, Neubrandenburg
Jürgen Witt, Biesdorf
Klaus Rogge Spezialbau GmbH, Berlin
Köttermann GmbH & Co.KG, Berlin
märzdesign, Berlin
MBN Bau AG, Berlin
Mercedöl Feuerungsbau, Pinnow
Merkur Objekteinrichter GmbH & Co., Ahrensfelde
Museumstechnik GmbH, Berlin
neoLab Laborbedarf-Vertriebs GmbH, Berlin
Objektform Planen und Einrichten GmbH, Berlin
Perschmann GmbH, Berlin
PKZ – Werkstätten für Denkmalpflege, Köln
PLAN+B GmbH, Brück (Materialberatung für Architekten / Material consultancy for architects)
Reiss Büromöbel, Bad Liebenwerda
RSB Rheiner Stahlbau GmbH, Magdeburg
Rupp GmbH, Künzell
Saalburger Marmorwerke GmbH & Co.KG, Saalburg-Ebersdorf
SAG Montagegesellschaft mbH, Berlin
Scheidt KG, Berlin
Schreinerei Langner, Sondershausen
Sehner GmbH, Deckenpfronn
Stefan Fittkau Metallbau und Kunstschmiede GmbH, Berlin
Stampka Elektro GmbH, Magdeburg
Studio-Labor-Technik GmbH, Berlin
Sulz Bauelemente, Gransee
Tischlerei A. Gegusch + Sohn, Berlin
Tischlerei Winkler GmbH, Celle-Garßen
Vereinigte Holzbaubetriebe Wilhelm Pfalzer & Hans Vogt GmbH & Co. KG, Memmingen
Vollmann GmbH, Berlin
VS GmbH & Co., Tauberbischofsheim